청소년이 반드시 알아야 할

철학 핵심 가이드

청소년이 반드시 알아야 할 철학 핵심 가이드
생각과 사고력을 쑥쑥 키워 주는 필독서

초판 1쇄 발행 2023년 3월 10일

지은이 마크 린슨메이어
옮긴이 김의석

펴낸이 김진규
경영지원 정동윤
책임편집 김정희

펴낸곳 (주)시프 | 출판등록 2021년 2월 15일(제2021-000035호)
주소 경기도 고양시 덕양구 권율대로668 티오피클래식 209-2호
전화 070-7576-1412
팩스 0303-3448-3388
이메일 seepbooks@naver.com
ISBN 979-11-92421-19-3 43100

청소년이 반드시 알아야 할

철학 핵심 가이드

생각과 **사고력**을
쑥쑥 키워 주는
필독서

마크 린슨메이어 지음 | **김의석** 옮김

시프

서문

철학의 세계에 온 것을 환영합니다! 이곳에서 여러분은 좀 더 명확하고 창의적으로 생각하는 능력을 길러 줄 여러 재미있는 아이디어를 배우게 될 거예요.

내가 10대 소년이었던 그 옛날, 나와 내 친구는 '우리가 믿는 것' '내 삶에서 가장 의미 있게 할 만한 것'에 대해 이야기를 나누었고, 내 친구는 내가 이미 철학을 하고 있다고 말했어요. 사실 그 이전에도 나는 사물을 이해하는 일에 흥미를 가졌었지만, 그 일을 실제 철학을 공부하는 일과 연결짓지는 않았지요. 뭐하러 수백 혹은 수천 년 전 사람들이 생각했던 것에 관심을 가지겠어요?

그러나 철학을 좀 더 공부하면서, 나는 생각의 역사에 흠뻑 빠져 들었어요. 수많은 고대 서적들을 한 글자씩 옮겨 적어 보존한 덕분에 오늘날까지 전해진 것과 오늘날 철학자들이 여전히 새롭고 멋진 것들을 매우 많이 연구하고 있다는 사실에 감사하게 되었어요.

나는 8년 동안 철학을 공부한 뒤 생계를 꾸리기 위한 직업을 얻고자 한동안 철학 공부를 그만두었어요. 그러나 결코 철학을 떠날 수는 없었지요. 나는 '부분적으로 실험된 삶'The Partially Examined Life이라는 철학책 읽기 팟캐스트를 10년 넘게 운영해 오고 있어요. 새로운 생각을 할 때면 내 마음은 이미 저만치 달려나가요. 그런 생각을 팟캐스트 청취자를 포함해 이 책의 독자인 여러분과 공유한다는 것은 참 행복한 일이지요.

이 책을 통해 여러분은 내가 지난 수년간 발견한 재미있는 인물들과 이론을 접하게 될 거예요. 예를 들어, '모든 것은 물이다'라고 주장했던 탈레스나 '모든 것은 실제로는 존재하지 않는다'라고 주장했던 나가르주나 등을 만날 수 있지요. '지능을 가진 컴퓨터' '공포영화가 아름다울 수 있는가' '논쟁을 망칠 수 있는 방법' 등에 관해서도 이야기할 거예요.

이 책은 '신의 존재를 증명할 수 있을까?' '마음이란 무엇일까?' '우리가 확실히 알 수 없는 것이 있을까?' 등 여러분이 궁금해했을 법한 질문들을 통해 철학을 제시할 거예요.

또한 여러분에게 하나의 질문을 여러 작은 질문들로 쪼개는 방법을 보여 주려 노력할 거예요. 단순히 무엇이 옳고 무엇이 틀렸는지 묻는 대신 대상의 다른 면을 보여 주는 다섯 가지 다른 질문들을 던질 거예요.

여러분은 좀 더 명확히 생각하고 이야기할 수 있게 될 거예요. 누군가의 의견에 찬성하지 않을 때, 무엇 때문에 찬성하지 않는지 정확히 알 수 있어요. 수많은 의견 불일치는 문제를 서로 같은 방식으로 보지 않기 때문에 일어나요.

예를 들어 나는 음악을 정말로 좋아해요. 늘 음악을 들을 뿐만 아니라 작곡도 하죠. 사람들은 각자 좋아하는 음악이 달라요. 음악적 취향이 어떻게 작용하는지에 관해 여러 질문을 해 본 덕분에 나는 예전에

접하지 못했던 새로운 종류의 음악들에도 마음을 열게 되었어요. 또한 그런 음악을 좋아하는 사람들에게도 마음을 열어, 그들을 한층 더 잘 이해하고 그들과 잘 지낼 수 있게 되었지요.

생각도 음악과 비슷해요. 생각에 관해 좀 더 많은 것들을 배우면 다른 생각을 가진 사람들과 더 잘 지낼 수 있게 될 거예요. 여러분은 수많은 철학자들이 이제껏 여러분이 만났던 사람들과는 다르게 사고한다는 것을 발견할 거예요. 각자 가장 흥미진진해 보이는 부분들을 골라 볼 수 있도록 이 책을 구성했어요. 익숙하지 않은 용어나 이름이 나오면 뒤쪽에 있는 용어 사전이나 인명 사전을 찾아보세요.

자, 우리 모두 출발합시다. 출발!

차례

철학이란?

왜 '왜'라고 질문할까?

이 책에서 다룰 주제들을 확실하게
이야기하는 것으로 이 책을 시작해
보도록 해요. 철학은 무엇일까요?
철학은 과학이나 종교 혹은 그 밖의
다른 학문들과는 어떻게 다를까요?
여러분은 왜 철학자들이 다루는
주제에 관심을 가져야 할까요?
한 걸음 더 나아가 여러분은
왜 직접 철학자가 되어야 할까요?

철학의 역사

'철학'을 뜻하는 영어 단어 'Philosophy'는 두 개의 그리스어가 합쳐져 생겨났어요. 앞부분의 'Philo-'는 '~에 대한 사랑' 또는 이와 비슷하게 '~을 좋아함'이라는 뜻이며, 뒷부분의 '-sophy' 는 '지혜, 지능, 영리함' 또는 '기술'을 뜻하는 'sophia'에서 유래했지요.

그러므로 철학은 지혜에 대한 사랑, 아니면 적어도 똑똑한 것을 좋아하는 거예요. 중요한 것은 철학이 단순히 지혜롭거나 똑똑하거나 영리한 것이 아니라 '그렇게 되고 싶은 것'이라는 점이에요.

모든 사람은 슈퍼 영웅이 방사능 물질에 노출된 무언가에 물리거나, 사랑하는 사람을 잃고 그 때문에 더 나은 세상을 만들기 위해 싸우겠다고 맹세하는 순간과 같은 기원 이야기를 좋아해요.

철학에도 그런 기원에 관한 이야기가 있어요. 기원전 400년경 그리스 아테네에는 **소크라테스**라는 사람이 살았어요. 그는 여기저기 돌아다니며 아테네의 지도층 사람들에게 그들이 믿는 사실들에 대해 믿는 이유를 묻곤 했지요. 이를 통해 소크라테스는 그들이 실은 자신들이 말하는 것을 제대로 모른다는 사실을 확실히 보여 주었어요. 아테네의 지도층은 소크라테스의 그런 행동을 싫어했고, 신을 모독하며 젊은 사람들을 타락시킨다는 이유로 그를 고소했지요. 결국 소크라테스는 유죄 판결과 함께 사형을 선고받았어요. 사형을 당할 때 소크라테스는 독약을 받아 마셨어요. 그는 자신에게 죄가 없다는 사실을 잘 알았지요. 하지만 자신이 올바른 삶을 살아 왔고 사형 선고가 자신이 속한 아테네의 판결이었기에, 그는 선고에 따랐어요.

소크라테스의 제자였던 **플라톤**은 스승의 이런 사상과 행동에 감동을 받았으며, 책을 한 권도 남기지 않았던 소크라테스를 대신해 스승에 대해 자신이 알았던 모든 사실을 글로 남겼지요. 플라톤이 쓴 책들은 오늘날까지도 사람들이 가장 많이 읽는 철학 작품들이에요. 플라톤 이후의 모든 철학자들은 그의 사상을 다루거나, 그의 사상을 다룬 사람들의 사상을 다루었지요. 결과적으로 오늘날까지 우리가 나누고 있는 철학 이야기는 플라톤으로부터 시작되었다고 할 수 있어요.

플라톤의 제자들은 그의 사상 가운데 각기 다른 측면들을 강조하며 수많은 학파를 만들었어요. 로마제국의 몰락 이후 그리스 서적들을 보존했던 이슬람 세계와 그리스 사상을 기독교·유대교·이슬람 교리로 변화시킨 중세 종교 지도자들과 더불어 이 학파들은 다시 분화되고 세상에 영향을 끼치며 두루 퍼져 나갔지요. 14세기경 르네상스 시대에 수많은 그리스·로마 서적들이 유럽에서 재발견되었으며, 이는 과학의 탄생과 르네 데카르트·존 로크·임마누엘 칸트 등 유명한 철학자들이 등장하는 계몽주의 운동으로 이어졌어요.

칸트 이후 철학은 영국과 미국, 프랑스와 독일을 중심으로 각각 분석 철학과 대륙 철학으로 나뉘었어요. 전자는 철학을 보다 과학적으로 만들고자 하는 노력과 수학의 영향을 크게 받았어요. 후자는 정형화돼 있지 않으며 시적인 기술에 열려 있었지요. 이런 철학 분류는 공식적인 것은 아니에요. 어느 쪽에도 속하지 않거나 이런 분류에 선뜻 찬성하지 않는 철학자들도 많지요.

당연하게도 철학이 오직 그리스에서만 시작된 것은 아니에요. 특히 인도와 중국은 철학의 역사가 아주 오래됐지요. 이에 반해 서양 철학자들은 최근에서야 아프리카·아메리카 선주민 등의 철학과 더불어 자신들의 사상을 주류 철학 사상에 통합하기 시작했어요. 정보의 양이 폭발적으로 증가하는 인터넷 시대에 철학은 그 어느 때보다도 다양화되고 있어요. 그리고 이 책은 여러분이 직접 더 많은 것들을 찾아 나설 수 있는 출발점을 마련해 주고자 해요.

철학의 종류

철학은 단순히 한 가지 영역의 학문이 아니에요. 모든 질문의 시작이며, 집중하는 주제에 따라 그 종류도 다양하지요. 지금부터는 이 책에서 만나 볼 여러 철학들을 미리 살펴보도록 해요.

형이상학
실제로 존재한다는 것은 무엇일까?

형이상학은 세상이 실제로 무엇과 같은지를 질문해요. 형이상학의 핵심은 존재와 존재한다는 것의 의미를 연구하는 **존재론**이에요. 철학자들은 정말로 존재한다고 여기는 것들의 목록을 만들고자 했어요. 아마도 유니콘은 그 목록에 절대로 없을 거예요. 그렇다면 **영혼**은 있을까요? 초월적인 힘을 가진 신이 있을까요? 어쩌면 신만이 유일하게 존재하며, 우리 모든 인간은 신의 머릿속 생각일 수도 있어요. 혹은 모든 것들이 결국 원자로 이루어진 만큼 아마도 매우 작은 원자만이 그 목록에 있어야 할 수도 있지요.

형이상학자들은 사물들이 서로 어떻게 끼워 맞추어져 있는지 살펴봐요. 부분들이 모여 어떻게 전체를 이루고, 옛것으로부터 어떻게 새것이 생겨나 자라며, 하나의 사건이 어떻게 다른 사건을 일으키는지 살펴보지요. 예를 들어, '정신은 어떻게 물질 세상에 존재하는가?'와 같은 질문들을 놓고 고민해요.

형이상학 철학의 몇몇 질문들은 과학, 특히 물질 세상을 연구하는 물리학과 겹쳐요. 형이상학을 뜻하는 영어 단어 'Metaphysics'의 'Meta'는 무언가의 근거와 기초를 연구하고 그 무언가에 대해 질문하는 것과 관련 있는 접두사지요.

물리학자는 시속 100킬로미터로 달리는 자동차가 콘크리트 벽에 부딪쳤을 때 얼마나 큰 충격을 받는지 등 물체 사이의 상호 작용을 연구해요. 이에 비해 형이상학에서는 보다 일반적이고 근원적인 질문들을 던지지요. 예를 들어, 움직인다는 것은 무엇인가요? 두 물체가 상호 작용 한다는 것은 무엇일까요? 물체라는 것은 도대체 무엇인가요?

인식론
우리는 무엇을 알 수 있을까?

여러분이 형이상학을 공부한다면 '실제로 존재하는 것과 그렇지 않은 것을 어떻게 알 수 있을까?'와 같은 질문을 던질지도 몰라요.

지식에 대한 공부인 **인식론**은 위의 질문을 포함해 많은 다른 질문들에 답할 때 중심이 돼요. 인식론을 뜻하는 영어 단어 'Epistemology'에서 'Epistēmē'(에피스테메)는 지식을 뜻하는 그리스어예요. 여러분은 이 책이 거짓말하지 않는다는 것을 어떻게 알 수 있나요? 여러분은 지금 이 순간 실제로 책을 읽고 있다는 것을 어떻게 확신할 수 있나요? 확실하다고 생각할 수도 있겠지만, 여러분은 실제론 꿈꾸는 것일 수도 있어요. 예를 들어, 여러분은 의자에 앉아 책을 읽는다고 생각하지만 실제로는 끈적이는 물질로 채워진 공간 속에서 의자에 앉아 있다고 생각하게 만드는 컴퓨터 시뮬레이션에 연결된 것일 수도 있지요.

사실 이런 종류의 이야기에 대해 걱정할 필요는 없어요. 그러나 '내가 지금 정말로 책을 들고 있다는 것을 나는 어떻게 알 수 있을까?'처럼 명백해 보이는 일을 질문하는 것은 보다 어렵고 일반적인 질문들, 가령 '어떤 것이 사실이라는 증거로 간주되는 것은 무엇인가?'나 한 걸음 더 나아가 '도대체 진실이란 무엇인가?' '우리의 지식 가운데 어디까지 확실한가? 확실하지 않다면 어떻게 해야 하는가?' 등의 질문들에 답하는데 도움이 되지요.

과학은 우리가 믿어야 하는 것을 이해할 수 있도록 해 줘요. 그런데 그것을 보장할 수 있나요? 과학은 합법적으로 무엇을 주장할 수 있나요? 어떤 질문이 과학적인 질문으로 간주되나요? 과학이 관여할 필요 없는 영역들이 있을까요?

윤리학
우리는 무엇을 해야 할까?

윤리학에서는 우리가 무엇을 해야 하는지와 어떤 사람이 되고 싶어 해야 하는지에 관해 여러 가지 질문을 던져요. 무엇이 옳고, 무엇이 틀린 걸까요?

윤리학 강령은 규칙들의 목록이거나 '네가 대접받고 싶은 대로 다른 사람을 대접하라'처럼 하나의 핵심 규칙일 수 있어요. 그러나 윤리학은 단순히 '어떤 규칙이 옳은가?'에 관한 것이 아니라 '올바른 규칙이 존재하는가?'에 관한 연구예요.

한 어른이 여러분에게 형이나 동생에게 다정해야 한다고 말했을 때, '~해야 한다'란 정말로 무슨 뜻일까요? 단순히 여러분이 다른 형제들에게 다정하기를 바라는 걸까요? 윤리에 관한 이야기가 운동 경기장에서 선수들에게 응원이나 야유를 보내는 것과 비슷할까요? 여러분이 축구 경기를 보며 선수들에게 야유를 보낼 때는 사실 선수들의 기술에 관해 의견을 이야기하는 것이 아니라 여러분의 감정을 드러내고 있는 거예요. 그렇다면 윤리학에 대한 여러 주장은 바라거나 좋아하는 것에 관한 표현일까요? 아니면 정말로 누가 보아도 올바른 규칙이 존재해, 여러분의 어머니가 형이나 동생에게 다정해야 한다고 말했을 때 어머니는 단순히 자신의 의견이 아니라 진실을 말하는 것일까요?

윤리학은 윤리 규칙을 찾는 것에 더해 사람들이 올바른 일을 하게 되는 동기를 살펴보는 윤리 심리학도 포함하고 있어요. 윤리학에 큰 영향을 끼친 형이상학적인 질문 하나는 '우리에게 행동을 선택할 자유가 있는가?'라는 자유 의지에 관한 질문이지요.

윤리학에서 우리가 만날 철학자는 공자, 노자, 플라톤, 아리스토텔레스, 에픽테토스, 아우구스티누스, 제러미 벤담, 임마누엘 칸트, 존 스튜어트 밀, 프리드리히 니체 등이에요.

논리학
무엇이 올바른 주장일까?

논리학은 철학의 여러 주장들이 서로 어떤 관계에 있는지 이해하고 증명할 때 사용할 수 있는 도구예요. (참고로 '주장'은 누군가 진실이라고 말하는 문장일 뿐 진실은 아니랍니다.)

논리학자들은 주장을 정확히 이해하기 위하여 기호를 개발해 사용했어요. 아마도 여러분은 대수학을 공부했을 거예요. 대수학에서 x는 숫자를 나타내는 변수지요. 이와 비슷하게 기호 논리학에서는 주장을 'P'와 같은 대문자로 나타내요.

여러분이 주장 P를 믿는 것이 주장 Q를 믿는 좋은 근거라고 주장하려 한다면, 여러분은 '주장 P가 사실이면, 주장 Q도 사실이다'처럼 나타낼 수 있고, 이를 간단히 'P→Q'라고 쓸 수 있어요. 이런 간단한 표현은 주장의 구조를 이해하는 데 유용하지요.

물론 무언가를 주장할 때 잠깐 멈추어 수학을 하지는 않겠지만, 분명 여러분은 논리학 공부를 통해 자신이 정말로 주장하려 했던 것을 명확히 파악하게 될 거예요. 또한 잘못된 주장을 알아차리고 무엇이 틀렸는지 정확히 말할 수 있게 될 거예요.

나는 이 책에서 기호학자들이 주장을 기호화하는 몇 가지 다른 방법들을 보여 줄 거예요. 그리고 논리학자들이 과학적 사고(인식론)와 윤리학 논쟁들에 어떻게 기여했는지도 이야기하려 해요. 여러분은 비형식적 오류도 배울 거예요. 비형식적 오류란 평범한 주장을 논리 기호로 적절히 나타낼 수 없도록 만드는 오류들이지요.

미학
좋은 작품이란 무엇일까?

미학은 아름다운 것에 관한 연구를 뜻해요. 미술 작품 혹은 창밖에 보이는 풍경이 아름답게 혹은 아름답지 않게 보이도록 만드는 것은 무엇일까요? 우리에게 즐거움을 주는 아름다운 물체들에 점수를 매길 수 있는 특징들이 있나요?

아름다움만이 예술 작품을 훌륭하게 만드는 유일한 특성은 아니에요. 영화의 경우, 으스스하고 무섭기 때문에 혹은 여러 가지 생각을 하게 만들기 때문에 훌륭할 수 있어요. 데스 메탈과 같은 음악들은 아름다움이 아닌 강렬함을 추구해요. 여러분은 누군가의 외모가 객관적으로 아름답지는 않음에도 매우 매력적이고 심지어 멋있다고 생각할 수도 있지요.

모든 것을 담아 내기 위해 몇몇 철학자는 '미학' 대신 '예술 철학'이라는 용어를 즐겨 사용해요. 어떤 용어를 사용하든 이 책에서는 '사람들이 우리가 한 일을 왜 좋아하는가? 왜 싫어하는가?', 즉 사람들의 취향에 초점을 맞춰 볼 거예요.

여러분은 취향이 지극히 개인적인 것이라고 생각할 수도 있어요. 다른 말로, 여러분은 여러분이 좋아하는 것을 좋아하고 나는 내가 좋아하는 것을 좋아해요. 그게 다일 뿐 어느 누구도 틀리지 않았다는 생각이지요. 이런 시각은 무례하게 자기 취향이 다른 사람의 취향보다 낫다고 주장하지 않으니 예의 바르게 보여요. 그러나 어떤 예술 작품이 얼마나 훌륭한지 이야기할 때 우리는 단순히 '내가 그것을 좋아해요'보다는 많은 것을 말하고 있지 않나요? 우리는 예술 작품에 대해 이야기하는 것이지, 나 자신에 관해서 이야기하는 것이 아니지요.

정치 철학
어떤 형태의 정부가 바람직할까?

정치 철학에서는 '우리가 어떻게 함께 살아야 하는가?'라는 주제를 다뤄요. 우리가 어떤 종류의 사회를 원하는지, 사회는 어떻게 다스려야 하는지, 좋은 정치 지도자는 어떤 자질을 갖추어야 하는지 등을 이야기 하지요.

우리 모두는 평화롭게 살기를 바라요. 그러나 우리 모두에게 평화를 강요하는 독재자에 의한 평화는 어떨까요? 그런 평화도 우리가 원하는 것일까요? 아니면 우리 모두 자유와 정의를 필요로 할까요? 자유와 정의는 진실로 무엇을 뜻하나요? 정부가 우리를 내버려 두었기 때문에 자유로운가요? 혹은 우리가 정말로 원하는 방식의 삶을 살 수 있는 능력이 진정한 자유일까요?

정치 철학은 윤리학과 이웃사촌이에요. 윤리학은 우리에게 '개인으로서 무엇을 해야 하는가?'라는 질문을 던져요. 정치 철학은 우리에게 '집단으로서 무엇을 해야 하는가?'라는 질문을 던지고요. 예를 들어 어떤 법안을 통과시켜야 하고, 정부가 시민을 어떻게 대해야 하며, 사람들이 정말로 중요한 일에 반대할 때 누가 그 문제를 해결해야 하는지 등을 다뤄요.

경제, 즉 부와 일자리 시스템이 정부와 어떻게 상호 작용 해야 하는가는 정치 철학의 흥미로운 영역 가운데 하나예요. 경제는 아무런 간섭 없이 운영되어야 할까요? 아니면 정부가 사람들을 돌보기 위해 사용할 수 있는 하나의 수단일 수 있을까요? 사람들을 돌보는 것이 정부의 일이기는 할까요?

질문 하기

무언가에 대해 궁금해하면 우리의 뇌는 활동하기 시작해요. 여러분은 모든 것을 이해했고, 이제 호기심은 없다고 느껴서는 안 돼요.

대부분의 질문에는 명확한 답이 있어요. 예를 들어 '벌은 어떻게 꿀을 만들까?' '내 스마트폰은 어떻게 작동할까?' '법안은 어떤 과정을 거쳐 법이 될까?'와 같은 질문들에는 답이 있지요. 그러나 철학 질문들은 달라요. 하루 종일 구글링을 한다고 답을 찾을 수가 없어요. 전문가에게 물어보아도 별 소용없지요. 철학 질문은 여러분 스스로 자신의 두뇌를 사용해 답해야 하는 질문이기 때문이에요.

모든 철학 질문들은 일종의 열린 질문들이에요. 언제나 다른 답이 있을 수 있다는 뜻이지요. '예/아니요'로 답할 수 있는 질문처럼 보일 때조차 답에 대한 이유가 다르거나, "예, 그러나……"처럼 '그러나' 다음에 여러분의 생각이 따라 나올 수도 있지요. 예를 들어 '신이 존재하는가?'라는 질문은 '예/아니요' 질문처럼 보이죠? 그러나 신의 존재를 믿는 혹은 믿지 않는 이유는 여러분 자신의 의견이고, '신'이 정확히 무엇을 뜻하는지에 대해서도 여러 다른 생각이 있을 수 있어요.

가장 철학적인 질문은 중요하면서도 개인적이에요. 예를 들어 '아침에 일어나는 것은 무슨 의미가 있는가?' '내가 다른 사람을 어떻게 완전히 사랑할 수 있을까?' '우리는 어떤 종류의 세상에서 살고 싶은가?'와 같은 질문들 말이에요.

이 책의 여러 질문들이 여러분에게는 그리 중요하게 보이지 않을 수도 있어요. '사람들이 무언가가 아름답다고 생각하는 이유'나 '과학자들이 기존의 이론을 버리고 새 이론을 택하는 기준' 등에 여러분은 관심 없을지도 모르죠. 그러나 몇몇 사람들에게는 삶에서 그런 문제들이 매우 중요해요. 그러므로 그런 문제들을 공부한다면, 여러분은 그런 사람들을 좀 더 잘 이해하게 될 거예요.

몇몇 철학 질문들의 경우에는 사람들이 왜 그런 문제들에 관심을 가지는지 명확하지 않아요. '숫자가 존재하는가?' '빨강이나 부드러움 같은 특성이 존재하는가?' '미래에 대한 가능성이 실제로 존재하는가?'와 같은 질문들이 그럴 수 있어요. 여러분은 그런 것들이 왜 질문인지

조차 이해하지 못할 수도 있지요.

무척 추상적으로 들리는 질문들에도 일반적으로 현실적인 결말이 있어요. 방금 본 질문들은 존재에 관한 것으로, 우리가 신경 써야 하는 문제예요. 실제로 존재하지 않는 것에 관심을 가지는 일은 말이 안 되기 때문이지요. 안 그런가요? 그러므로 '존재'가 무엇이고 어떤 것이 실제로 존재하는가 하는 문제는 중요해요.

여러분은 이 책을 읽으며 주장을 구성하는 방법, 새로운 생각을 발전시켜 나가는 과정, 작은 생각의 차이가 매우 다른 결과로 이어질 수 있다는 사실 등을 배우게 될 거예요. 여러분이 변호사나 정치가나 작가가 되는 꿈을 지녔다면 철학 공부는 매우 중요해요. 나는 여러분이 실용적인 것만이 의미 있다고 생각하지 않았으면 해요. 많은 수학자들은 그들이 다루는 수와 개념이 단지 아름다워서 수학을 사랑해요. 여러분에게 내가 철학도 마찬가지라고 생각하는 이유를 알려 주고 싶어요.

전문 철학자가 되고 싶은 사람들만 철학책을 읽는 것은 아니에요. 철학책을 읽는 일은 행운이리만큼 즐겁고 도전적이며 기쁜 일이거든요.

형이상학

실제로 존재한다는 것은 무엇일까?

세상의 구성에 관한 모든 질문은
형이상학적인 질문이라 할 수
있어요. 형이상학은 과학과의
교집합이 가장 큰 철학 영역으로,
한때 사람들은 과학자를
'자연 철학자'라고 부르기도 했지요.
형이상학은 과학보다 좀 더
기본적인 질문들을 던져요.
형이상학과 과학 모두
현실이 우리가 흔히 생각하는 것과
매우 다르다는 것을 보여 줄 수 있지요.

실제로 존재한다는 것은 무엇일까?

'○○은 진짜야' 혹은 '○○이 존재해'라고 하는 것은 무슨 뜻일까요? 이 질문은 너무 쉬워 보일 수도 있어요. 우리는 진짜라고 믿는 것, 예를 들어 사람·의자·핸드폰 등을 하루 종일 다루며 살고 있지요.

그러나 때때로 우리는 허상을 봐요. 무지개를 보면 컬러 유리로 만들어진 하늘 위 거대한 활처럼 보이지만, 실제로는 전혀 그렇지 않아요. 그렇다면 사람, 의자, 핸드폰 또한 실은 허상일 가능성이 있을까요?

이런 가능성을 생각하는 이유는 무지개가 실은 태양빛을 굴절 및 반사하는 공기 중 수분 입자라는 사실을 알기 때문이에요. 입자는 진짜지만 무지개는 진짜가 아닌 허상이에요.

자, 그런데 모든 물체는 입자들로 이루어져 있지 않나요? 우리는 무언가를 볼 때마다 속고 있는지도 몰라요. 너무 작아 보이지도 않는 입자들이 진짜고, 우리가 보는 물체는 진짜가 아닐 수도 있다는 뜻이죠.

이런 생각이 맞는지 판단하기 위해 우리는 '존재' 혹은 '실재'의 의미를 좀 더 잘 이해해야만 해요.

누가 질문했을까?

우파니샤드는 기원전 800~300년경 사이에 만들어진 경전들로 상위 경전인 베다경의 일부예요. 우파니샤드의 알려지지 않은 저자들은 진짜로 존재하는 것이 무엇인지 질문하고 그것이 브라만이라고 답했지요. 그들은 '브라만'이란 모든 보이는 물체의 밑바탕을 이루고 그 물체를 존재하게 하며 의식을 가진 채 영원히 변하지 않는 존재라고 정의했어요.

오직 브라만만이 진짜로 존재하는 것, 즉 실재하는 전부라면 우리 눈에 보이는 것들은 무엇인가요? 그들은 존재하지 않지만 우리는 그들을 존재하는 것으로 간주하고 있으며, 그럴 만한 이유가 있어요. 우리가 음식, 사랑하는 사람, 그 밖의 다른 것들을 진짜처럼 다루지 않는다면 이 세상에서 잘 지낼 수 없기 때문이지요.

누가 대답했을까?

플라톤은 우리가 보는 것들이 신성한 것들만큼 진짜는 아니라는 데 동의했어요. 플라톤은 브라만 대신 일반 세계 그 이상의 형상계를 믿었지요. **플라톤의 형상**들은 이 세상에서 우리가 보는 것들의 완벽한 모델들이에요.

예를 들어 여러분이 강아지를 본다면, 여러분은 강아지를 알아보기 위해 강아지 형상을 사용하는 거예요. 즉 형상이 여러분이 본 것을 강아지로 만드는 것이지요. 여러분이 보는 강아지는 불완전하고 진짜와는 다소 거리가 있는 형상의 복사본이에요.

강아지와 같은 일반 개념을 보편적 개념이라고 해요. 보편적 개념은 서로 다른 것들을 하나로 묶어요. 수많은 철학자들은 보편적 개념이 실제로 존재하는지 궁금해하지요.

13세기 영국인 수사 **윌리엄 오컴**은 플라톤과는 달리 유명론자Nominalist였어요. 'Nom'은 이름Name을 뜻하는 라틴어예요. 유명론자는 이름이 실제로 존재하는 무언가를 나타내지 않는다고 주장해요.

내 생각에 여러분은 산타클로스에 관한 한 분명 유명론자일 거예요. 산타클로스라는 이름은 실제로 존재하는 누군가를 가리키지 않아요. 그러나 산타클로스에 관한 수많은 이야기들 덕분에 우리 모두는 그에 관해 '풍성한 턱수염이 있으며, 눈은 세 개가 아니고……'와 같이 설명할 수 있어요. 여러분은 산타클로스가 상상속에 실제로 존재한다고 말할 수도 있지요.

무언가가 단지 이름만으로 존재한다면, 우리는 실제로 존재하는 물건 혹은 사람들로부터 그것이 어떻게 나타났는지 설명할 수 있어야 해요. 산타클로스의 경우, 우리는 설명할 수 있지요.

현실 세계

돈은 진짜일까요? 물론 우리 모두 지폐와 동전이 진짜라고 생각해요. 그러나 돈의 본질인 가치 역시 진짜일까요?

이 질문은 사회 구성원들이 가치 있다고 말할 때만 가치가 있는 것들에 관한 물음이에요. 돈은 사용하는 사람들이 돈의 가치를 믿을 때만 가치가 있어요. 만약 돈을 찍어낸 나라가 망한다면, 그 나라의 돈은 쓸모없어질 거예요.

몇몇 철학자는 일시적인 모든 것들은 진짜일 수 없다고 주장해 왔어요. 그런 관점에서 돈, 지위 그리고 이와 비슷하게 사람들이 만들어 낸 것들에는 진짜가 아닌 요소들이 있지요.

선택하기

'실재'를 주제로 논쟁할 때, 환원주의는 좋은 방법일 수 있어요. 여러분이 돈이나 개와 같은 보편적 개념이나 눈에 보이는 세상과 같은 어떤 대상이 진짜가 아니라고 생각한다면, 그 대상을 여러분 생각에 진짜로 존재하는 것들에 대해서만 이야기하는 정도로 축소하거나 다시 기술할 수 있다는 뜻이에요.

유물론자는 오직 물질만이 궁극적으로 실재한다고 생각하는 사람이에요. 17세기 영국 철학자 **토머스 홉스**는 애당초 영혼은 없으며, 특정한 일을 하는 몸인 정신만 있다고 이야기했어요. 결과적으로 영혼은 물질로 환원될 수 있어요.

반면에 우파니샤드의 브라만은 영적이고 의식을 가진 '신과 같은 것'이에요. 개개인의 영혼과 물질은 서로 다르지만, 양쪽은 어떻게든 브라만으로 환원될 수 있어요.

어떤 물체들이 허상인 무지개와 달리 진짜라면, 이는 그것들이 원자 혹은 신과 같은 개념 등으로 환원될 수 없다는 뜻이에요.

생각하기

- 여러분은 모든 것이 실재하거나 실재하지 않거나 둘 중의 하나라고 생각하나요? 혹은 실재에도 등급이 있을까요?
- 실재에는 여러 가지 종류가 있을까요? 예를 들어 이 방식에서는 원자 구성 입자들이 진짜이고, 저 방식에서는 일반 물체들이 진짜일 수 있을까요?

무엇이 **실제**로 존재할까?

존재 모델은 존재하는 것들의 기본 분류 목록이에요. 일상적인 존재 모델은 일상적인 물리 객체를 포함하지만, 앞서 이야기했듯이 이들은 명목상으로만 존재할 뿐 궁극적으로는 진짜가 아닐 수 있어요.

존재에 있어 궁극적인 요소는 무엇일까요? 존재는 궁극적으로 신과 같은 커다란 하나의 대상일까요? 혹은 수많은 작은 대상들일까요? 아니면 아예 그런 것이 아닐까요? 몇몇 철학자는 존재란 '대상'이 아닌 '일어난 일'이라고 주장했어요. 존재는 아무것도 아니라고 주장하는 철학자도 있었지요. 존재에 관한 생각은 전체적으로 무의미하고, 궁극적인 존재는 없다고 주장하는 철학자도 있었어요.

누가 질문했을까?

밀레토스의 **탈레스**(밀레토스는 현재 튀르키예의 도시)는 고대 그리스의 첫 번째 철학자로 알려진 인물이에요. 그는 소크라테스보다 200년 가까이 앞서 활동했던 철학자이지요. 그가 쓴 책은 남아 있지 않으며, 훗날 다른 저자들이 인용한 글로만 남아 있어요.

탈레스는 주변 모든 것들이 서로 매우 다르게 보여도 그 모두가 실제로는 '물'로 이루어져 있다고 생각했어요. 즉 모든 것이 물에서 나와 결국 물로 돌아간다고 보았지요.

누가 대답했을까?

그리스 주변의 다른 고대 철학자들은 세상을 구성하는 하나의 물질이나 힘에 대해 그들만의 이론을 들고 나왔어요. 밀레토스의 **아낙시메네스**는 세상은 물이 아닌 공기로 이루어져 있다고 생각했지요. **아낙사고라스**는 세상이 광대한 우주 정신일 것이라고 말했어요. **헤라클레이토스**는 궁극적이고 변하지 않는 것은 없으며, 오직 변화만 있다고 말했어요. **데모크리토스**는 모든 것이 더 이상 쪼갤 수 없는 수많은 작은 원자들로 이루어져 있다고 주장했다고 해요.

플라톤의 제자 가운데 가장 유명한 **아리스토텔레스**는 하나의 기본 물질 따위는 존재하지 않는다고 말했어요. 대신 존재의 기본 범주 11가지를 제시했지요. 그는 강아지와 같은 개별 객체를 '물질'이라 불렀어요. 이 물질은 다양한 특성(예: 갈색, 털북숭이)을 띤 채 다른 물질들과 관련되며, 특정한 공간적 위치를 차지하지요. 그런 관점에서 명사, 동사, 형용사 등 말의 각 부분들은 세상의 각기 다른 근본적인 요소를 나타내요.

아리스토텔레스는 물질이 가장 확실하게 존재한다고 생각했어요. 특성과 행위 역시 물질이 있어야 해요. 즉 갈색 강아지, 갈색 벽돌이 있는 것이지 갈색만은 존재하지 않아요. 이에 반해 물질은 독립적이고 근본적이지요.

불교 철학자 **나가르주나**(서기 200년경)는 모든 것이 독립적이라는 주장을 거부하고, 실재를 '무'로 표현했어요. 세상의 근원에 신이나 브라만 혹은 실재를 부여하는 것은 없으며, 모든 것은 궁극적으로 환상이라고 했지요.

현실 세계

헤라클레이토스는 "같은 강에 두 번 들어갈 수는 없다"라는 말로 변화가 가장 중요하다는 견해를 나타냈어요.

강이 무엇인가요? 강은 흐르는 물이에요. 그러므로 여러분이 첫 번째 들어갔을 때의 물 분자는 여러분이 두 번째로 들어갈 때에는 이미 멀리 가 버렸을 거예요. 그는 강물만이 아니라 여러분 역시 달라질 것이라고 했어요. 우리 모두는 항상 변해요. 그리고 철학을 통해 탐구하고자 하는 모든 것들 역시 끊임없이 변하지요.

이 점은 철학을 어렵게 만들어요. 우리가 탐구하고자 하는 것들이 우리 발밑에서 끊임없이 빠져나가는 셈이니 말이에요.

선택 하기

20세기 초 오스트리아에서 태어난 영국 철학자 **루트비히 비트겐슈타인**은 자신의 철학 연구 방향을 통째로 바꾼 매우 예외적인 철학자였어요. 그의 전반기 연구에 따르면, 그는 사물 혹은 기본 범주가 아닌 '사실'이 실재의 기본 요소라고 주장했어요. 사실은 '강아지가 갈색이다'와 같이 사물과 특징을 연결해요. 그는 기본 사실들이 이 세상의 모든 복잡한 사실들을 만들어 낸다고 주장했지요.

그런데 비트겐슈타인은 후반기 연구에서 모든 형이상학을 부정했어요. 그는 철학을 포함해 모든 말이 그가 '언어 게임'이라고 불렀던 사회적 맥락을 이용한다고 주장했지요. 여러분이 물리학 게임을 한다면, 여러분은 원자를 말할 필요가 있을지도 몰라요. 여러분이 문법 게임을 한다면, 명사·형용사 등을 말할 거예요. 게임은 그 게임에 필요한 것들을 포함할 수 있지만, 게임 밖 세상에 대해서는 아무것도 말할 수 없지요.

생각하기

- 여러분은 변화가 가장 중요하다는 헤라클레이토스의 생각에 동의하나요? 아니면 실재하는 것은 궁극적으로 번하지 않는다는 플라톤의 생각에 동의하나요?
- '갈색'과 같은 물체의 특성은 물체에 부딪혀 튕겨 나와 눈에 들어온 작은 빛 입자로 환원될 수 있을까요?

인과 관계란 무엇일까?

포켓볼 당구대에서 한 당구공이 다른 공을 쳐 포켓을 향해 굴러가게 했을 때, 무슨 일이 일어나고 있는 걸까요? 우리가 실제로 본 것은 예측 가능한 방식으로 연달아 발생한 당구공 두 개의 움직임이에요.

상관관계는 두 개의 일이 함께 발생하는 경향이 있다는 뜻이에요. 차를 운전하는 사람들은 옷을 입는 경향이 있어요. 그러나 운전자들이 운전 때문에 옷을 입은 것은 아닐 거예요.

그렇다면 단순한 상관관계를 넘어 하나의 사건이 다른 사건을 일으키는 **인과 관계**는 무엇일까요? 인과 관계는 과학의 핵심이며, 이 세상을 이해하는 데 매우 중요하지요.

누가 질문했을까?

모든 것이 결국 브라만이라는 고대 인도의 전통 힌두교 관점에서 본다면, 인과 관계는 매우 당황스러운 개념이에요. 존재하는 것이 브라만뿐이라면, 원인과 결과 두 가지가 필요한 인과 관계가 가능하지 않기 때문이지요.

그런데 힌두교와 불교 사상에는 환생이 있어요. 사람들은 **카르마**의 법칙에 따라 자신들이 행한 행동의 결과로 새로운 생명체로 반복해 태어나지요.

환생이라는 전통적인 생각에 인과 관계가 들어 있다면, 어떻게 브라만으로 환생의 다양한 면들을 설명할 수 있었을까요?

누가 대답했을까?

이슈바라크리슈나가 서기 350년경 세운 상키아 학파에서는 유일하게 존재하는 실재라면 그 안에 이미 모든 결과를 담고 있어야 한다고 주장했어요. 즉 인과 관계로 인해 새로운 것이 만들어진 것이 아니라, 이미 브라만 안에 존재하고 있던 것이 나타난 것뿐이라는 뜻이지요.

부처로 알려진 **고타마 싯다르타**는 순간적인 것들만이 존재할 뿐 세상에 근원적인 실재는 없다고 말했어요. 불교 철학자 나가르주나는 이런 생각을 확장해 인과 관계에서 원인과 결과가 서로 독립적이고 우리의 마음과도 상관없다는 일반적인 이해는 잘못되었다고 주장했지요.

아리스토텔레스는 인과 관계가 실제로 존재한다고 생각하고 이를 네 가지 방식으로 구분했지요. 그는 어떤 사건이 다른 선행 사건들(동력인) 때문에 일어나기도 하지만, 재료·형태·목적(목적인) 때문에 일어날 수도 있다고 했어요. 예를 들어 집은 집을 지은 사람들 때문에 생겨났지만 한편으로는 집의 재료인 나무나 못, 집을 짓기 위해 재료들을 결합한 방식 그리고 집을 짓기 위해 따라야 하는 설계도 때문에도 생겨났지요.

페르시아의 이슬람 신학자 **아부 하미드 알 가잘리**는 인과 관계가 필연성을 포함한다고 주장했어요. 다시 말해, 원인에 해당하는 일이 발생하면 결과에 해당하는 일도 반드시 발생해야 한다는 뜻이에요. 그는 오직 신만이 어떤 일이 일어나도록 만들 수 있으므로, 오직 신만이 원인이 될 수 있다고 주장했지요.

18세기 스코틀랜드 철학자 **데이비드 흄**은 인과 관계가 다른 사건에 이어 일어난 한 사건이며, 언제나 그런 식으로 일어난다는 '기대감'이 더해진 것뿐이라고 봤어요.

현실 세계

때때로 사람들은 인과 관계를 다른 객체에게 영향을 끼친 객체와 연관 지어 생각해요. 과학적인 사고에서도 이렇게 생각해야 할까요? 아니에요! 과학은 자연에서 규칙성을 찾는 일이에요. 그러므로 인과 관계를 단순히 사건들 사이의 패턴으로 묘사한 흄의 주장이 과학에는 딱 맞아요.

중력의 법칙을 생각해 보세요. 우리는 종종 중력 때문에 물체가 떨어진다고 말해요. 하지만 우리는 정말로 물체가 떨어지는 이유는 알지 못해요. 물리학은 단지 한 물체가 다른 물체를 예측 가능한 방식으로 잡아당긴다는 사실을 알려 줄 뿐이에요. 그리고 그 사실을 통해 우리는 물체의 낙하 속도, 행성의 움직임, 지구 밖으로 날아가는 우주선의 원리 등을 설명할 수 있지요.

선택하기

프랑스 철학자 **니콜라 말브랑슈** 신부는 알 가잘리와 비슷하게 신만이 모든 일의 진짜 원인이라고 생각했어요. 이는 여러분이 당구공을 쳐 나머지 8개의 당구공을 포켓들로 흩었을 때도, 공이 흩어진 참 원인은 언제나 신이라는 뜻이에요.

물론 당구공이 포켓에 들어가면 점수는 여러분이 받아요. 신이 승자 혹은 패자가 되는 것도 아니지요. 이에 대해 말브랑슈는 여러분의 행동이 신이 어떤 일을 일어나게 만들 기회를 제공한 것이라고 설명했어요. 가장 단순한 설명을 찾으라는 원칙인 오컴의 면도날 이론에 따라 생각한다면 우리가 '신이 모든 일의 원인'이라고 이야기할 필요는 없어요. 그러나 말브랑슈는 자신의 주장에 대해 형이상학적 이유를 가지고 있었어요. 그는 물체 혹은 물질이 실제로 무언가를 할 수 있는 존재라고 여기지 않았지요.

아리스토텔레스는 물질에 대해 매우 다른 견해를 갖고 있었어요. 그는 물질이 다양한 방식으로 원인이 될 수 있다고 보았지요.

생각하기

- 지금 이 순간 여러분이 이 책을 읽고 있는 원인을 최대한 많이 생각해 적어 보세요. 어떤 원인들이 머릿속에 떠오르나요?
- 여러분은 물질이 무엇이라고 생각하세요? 어떤 물질에서 색깔, 질감, 냄새 등과 같은 그 물질의 모든 특성들을 없앤다면 무엇이 남을까요?

신의 **존재**를 증명할 수 있을까?

신의 존재 여부는 수많은 형이상학적 문제들에 영향을 끼쳐요. 이에 많은 철학자들이 신의 존재를 증명하고자 했어요. 그들은 신의 존재를 의심할 수 없을 만큼 명확히 보여 주고 싶어 했지요.

문화 전통에 따라, 철학자에 따라 신에 대한 정의나 특징이 달라 신의 존재를 증명하는 일은 복잡하지요. 신의 존재를 증명하고자 할 때 철학자들이 가정하는 공통된 특징은 신이 모든 곳에 있으며, 모든 것을 알고, 모든 것을 할 수 있으며, 완전하다는 거예요.

누가 질문했을까?

힌두교에서는 '모든 것이 브라만이라면, 브라만의 나머지를 만든 창조신인 브라만의 일부가 어떻게 브라만 안에 있을 수 있는가?'라는 질문을 던져요.

수많은 고대 인도 철학은 경전 및 초기 주석 위에 덧붙여진 주석으로 이루어졌어요. 서기 8세기 인도 철학자 **샹카라**는 창조신의 존재를 주장하기 위해 '브라흐마 수트라'라는 매우 오래된 문헌들을 분석했지요. 그는 세상이 일종의 도자기처럼 잘 설계된 것처럼 보이며, 그러므로 설계자가 있었던 것이 틀림없다고 주장했어요.

누가 대답했을까?

샹카라의 주장은 철학자들이 '설계 논증'이라 부르는 주장의 초창기 버전이에요. 여러분은 샹카라로부터 1천 년 후 영국 목사 **윌리엄 페일리**가 한 말을 들어 보았을지도 모르겠어요. 그는 말했지요. "해변에서 시계를 발견했다면 당신은 그 시계가 해변에서 자라난 것이 아니라고 생각할 것이다. 안 그런가? 그 시계는 분명 만든 사람이 있다. 그렇다면 이 세상 또한 창조자가 있어야 한다."

12세기 캔터베리의 **안셀무스 대주교**는 신이 가장 완벽한 존재라는 주장을 내놓았어요. 이는 신이 최고 수준에서 가장 훌륭한 특성을 갖고 있다는 뜻일 거예요. 여러분은 존재가 좋은 특성이라고 생각하나요? 그는 존재하는 것이 존재하지 않는 것보다 더 나으므로 신은 정의상 그런 특성, 즉 존재라는 특성을 갖고 있다고 주장했어요. 그러므로 신은 존재해요.

10세기 이란 철학자이자 과학자인 **이븐 시나**는 제1 운동자를 가정하기 위해 세상의 인과 관계 사슬을 관찰하는 아리스토텔레스의 우주론적 주장과 비슷한 견해를 내놓았어요. 제1 운동자란 인과 관계 그 자체의 시작이에요. 이븐 시나는 인과 관계가 시간이 아닌 의존 관계의 사슬이라고 했지요. 모든 것은 존재하기 위해 무언가에 의존해야 하므로, 모든 것이 의존하는 근본적인 존재가 있어야 한다고 했어요.

1800년경 독일 철학자 **임마누엘 칸트**는 형이상학이 사람의 지식으로 이해할 수 없는 만큼 우리가 신의 존재를 증명할 수 없다고 주장했어요. 대신 좋은 사람에게도 나쁜 일이 일어날 수 있다는 사실처럼 우리가 알 수 없는 세상을 이해할 수 있도록 믿음을 가져야 해요.

현실 세계

신의 존재를 부정하는 근거로 '악'을 내세우는 주장은 기원전 300년경 그리스 철학자 **에피쿠로스**까지 거슬러 올라가요. 신이 선하고 전능하다면, 신은 비극을 방지할 수 있어야 해요. 그러나 끔찍한 일은 선한 사람에게도 일어날 수 있지요. 그러므로 신은 존재할 수 없어요.

수백만 명을 죽음으로 몰아넣는 전염병, 기아, 홍수, 화산 폭발 등의 자연재해들을 생각해 보세요. 대부분 선택 사항이 아닌 삶의 일부, 즉 운명이에요. 선한 신이 왜 그런 삶을 창조할까요? 어떻게 선한 신이 사람들을 그리도 힘들게 만들 수 있는 걸까요?

선택 하기

아리스토텔레스와 그의 추종자 이븐 시나는 인과 관계에 대해 서로 다른 결론을 내렸어요. 아리스토텔레스는 인과 관계를 원인과 결과의 긴 사슬로 기술했지요. 즉 첫 번째 원인이 없다면, 전체 과정도 전혀 일어날 수 없어요.

이븐 시나는 인과 관계 사슬 전체가 신성하다면, 그 사슬을 구성한 무한히 긴 일련의 사건들에 불합리한 부분은 없다고 봤어요. 그는 신이 시간 속 한 사건으로 존재하는 것이 아니라, 시간을 포함한 모든 것의 근원으로서 존재한다고 보았지요.

누가 맞을까요? 임마누엘 칸트는 알 수 없다고 주장했어요. 우리 인간은 인과 관계에 대해 경험해 본 유한한 것들만 생각할 수 있어요. 인과 관계에 있어 인간의 영역을 훨씬 넘어서는 우주적 판단을 할 근거는 전혀 갖고 있지 않아요. 신에 대한 모든 주장과 논쟁 역시 마찬가지예요. 우리는 이성의 원칙들 혹은 경험한 것들에 근거해서만 무언가를 증명할 수 있어요. 그러므로 신에 대한 믿음에는 신념이 필요하지요.

생각하기

- 이번 질문 앞부분에서 나왔던 신의 정의에 대해 어떻게 생각하나요?
- 신의 존재에 대한 여러 주장들 가운데 타당해 보이는 것이 있나요?
- 악의 문제에 대해 답해 보세요. 여러분은 선한 신이 왜 악의 존재를 허락하는지 설명할 수 있나요?

정신이란 무엇일까?

우리는 모두 내면의 삶을 영위해요. 내면의 삶이란 일련의 의식적인 경험들로, 말로 설명할 수 없을 뿐만 아니라 여러분 자신을 제외하고는 어느 누구도 알아차릴 수 없지요.

그런데 의식은 물질세계처럼 보이는 이 세상에서 어떻게 자리매김하고 있을까요? 과학의 경우 연구 대상은 측정할 수 있어야 해요. 또한 여러 과학자들이 서로의 실험을 재현할 수 있도록 관찰할 수 있어야 하지요. 그러나 과학자가 여러분의 뇌 활동은 관찰할 수 있지만 여러분 자신의 의식적인 경험인 정신은 아무도 볼 수 없어요.

과연 정신은 존재하는 걸까요? 정신을 어떻게든 뇌로 환원할 수 있을까요?

누가 질문했을까?

다시 인도에서 시작해 볼까요? 인도 힌두교에서 모든 것은 브라만이며, 브라만은 의식을 갖고 있어요. 브라만을 신과 같은 존재라고 보면 결국 모든 것은 하나의 커다란 정신이에요. 그런데 과연 그럴까요? 우리 주변을 의식 없는 물체처럼 보이는 것들이 둘러싸고 있잖아요.

상키아 학파는 하나의 신성한 세계가 우리에게 두 가지 방식, 즉 근본 물질인 '프라크리티'와 의식인 '푸루샤'로 모습을 드러낸다는 이론을 내놓았어요.

17세기 네덜란드 철학자 **바뤼흐 스피노자** 또한 우주에 단 한 가지 종류의 근본적인 존재가 있으며, 그 속에는 정신적인 것과 물리적인 것이 모두 들어 있다고 주장했지요.

많은 철학자들은 종교적인 이유로 정신적인 것과 물리적인 것 사이의 관계에 대해 질문했어요. 정신이 육체와 어떤 식으로든 동일하다면 혹은 좀 더 우주적으로 정신과 육체가 단일한 근원 세상의 양면이라면, 육체가 죽었을 때 정신 역시 죽어야 해요.

플라톤은 소크라테스의 죽기 직전 모습을 기술한 책《파이돈》에서 이 질문을 던졌어요. 그는 물체를 살아 있게 만드는 무언가가 틀림없이 있어야 한다고 주장했지요. 그것은 다름 아닌 생명 그 자체이고, 의식 있는 정신을 의미해요. 물체를 살아 있게 만드는 생명이 어떻게 죽을 수 있을까요? 그러므로 우리의 정신, 즉 우리의 영혼은 육신이 죽은 후에도 살아 있어야 해요.

누가 대답했을까?

17세기 프랑스 철학자 **르네 데카르트**는 정신과 육체가 근본적으로 다른 존재라는 형이상학적 이원론을 주장했어요. 그는 근거로 정신과 육체에 접근하는 방법이 매우 다르다는 이유를 들었지요. 그는 세상의 물질들을 감각을 통해서만 알 수 있고, 그 감각은 마치 무지개를 볼 때처럼 착각을 불러일으킬 수 있다고 말했어요. 반면에 정신은 내면에서만 알 수 있고, 결코 잘못 볼 수 없다고 주장했지요.

이븐 시나는 데카르트보다 훨씬 앞서 비슷한 주장을 했어요. 그는 손발을 쭉 펴고 손발의 존재를 잊은 채 둥둥 떠 있는 모습을 상상해 보라고 했지요. 눈은 감고 귀를 막은 채 머릿속에 아무것도 떠올리지 않아, 여러분에게는 감각도 바깥 세상에 대한 지식도 전혀 없어요. 그러나 그때조차도 여러분은 여러분의 존재를 알지요. 그러므로 여러분이 아는 내면의 자신인 영혼은 육체와 자신을 제외한 나머지 세상과는 달라야 해요.

정신과 육체가 근본적으로 다른 존재라면, 이 둘은 어떻게 서로 영향을 주고받으며 함께 존재할 수 있을까요? 이런 질문을 피하기 위해 다른 형태의 이원론인 **기능주의**가 제안되었어요. 기능주의에서는 정신을 육체와 다른 존재로 여기기보다는 육체의 '활동', 즉 육체의 '기능'이라고 봤지요.

초기 기능주의자로 데카르트와 동시대 인물인 영국인 철학자 **토머스 홉스**가 있어요. 홉스에 따르면 정신은 수학 원칙에 따라 움직여요. 생각하는 기계를 만들 수 있다고 생각하는 현대 컴퓨터 과학자들은 이런 기능주의적인 사고를 이용하지요. 생각하는 컴퓨터는 물질적인 부분, 즉 연산장치들이 적절히 연결된 장치일 뿐이에요. 이 컴퓨터의 하드웨어는 인간의 두뇌와 같고, 소프트웨어는 두뇌 신경세포들이 활성화된 형태와 같아요. 1950년대에 컴퓨터 과학자 **앨런 튜링**은 컴퓨터가 인간을 속여 컴퓨터를 생각하는 존재라고 믿게 만들 수 있다면, 그 컴퓨터는 지능을 갖춘 것으로 판단하자고 제안했어요. 사람들은 이를 튜링 테스트라고 불러요.

이런 기능주의에 대한 여러 의견 가운데 미국인 철학자 **토머스 네이글**이 1974년에 발표한 논문 〈박쥐가 된다는 것은 무엇인가?〉가 잘 알려져 있어요. 네이글은 정신의 핵심은 의식이라고 주장했지요. 박쥐는 우리와 달리 초음파를 이용해 위치를 파악하기 때문에 박쥐조차 우리가 상상할 수 없는 경험들을 갖고 있어요. 컴퓨터가 정신을 흉내 낸다고 할지라도 의식이 없는 한 그것은 정신일 수 없어요. 과연 프로그램을 실행해 컴퓨터가 의식을 갖도록 할 수 있을까요?

현실 세계

로봇이 지능을 갖게 되는 일은 여전히 과학 소설 속에서만 가능하지만, 그렇다고 아주 먼 미래의 일도 아닐 것 같아요. 로봇이 자신의 상태를 보고하고, 질문하거나 질문의 답을 고민하며, 자신에게 진짜 영혼이 없을지도 모른다는 사실에 신경 쓸 만큼 정교해지면 우리는 그 로봇을 인간처럼 대우해야 할까요? 그런 로봇에게 정치적 권한을 부여하고, 도덕적 책임을 물어야 할까요?

여러분은 네이글과 마찬가지로 그런 정교한 로봇조차 여전히 의식적인 경험은 없으며, 단지 흉내 낼 뿐 진짜 정신을 갖고 있지는 않다고 주장할건가요?

선택 하기

데카르트는 정신이 어떻게 육체를 움직이는지 우리가 내적으로 인식한다고 주장했어요. 20세기 중반 영국 철학자 **길버트 라일**은 그런 내적 인식을 '기계 속의 유령'이라고 기술하며 일종의 착각이라고 했지요. 정신 상태는 그저 어떤 방식으로 작동하는 경향이에요.

예를 들어 비가 내린다고 생각하는 일은 내 머릿속의 사적 사건은 아니에요. 그러나 여러분이 비가 오는지 물었을 때, 우산을 가져오거나

'예'라고 답하는게 내 경향이에요.

라일은 비슷한 예를 들어 설명했어요. 여러분이 대학을 방문해 캠퍼스에 있는 모든 건물을 보았다고 가정해 보세요. 캠퍼스를 모두 둘러본 뒤, 여러분이 "그런데 대학은 어디에 있어요?"라고 묻는다면 여러분은 범주 오류를 저지른 거예요. 대학은 단순히 하나의 건물이 아니라 건물, 대학 정책, 역사 등을 모두 합쳐 말하는 거예요. 이와 비슷하게, 정신은 육체와 나란히 존재하기보다는 육체에 대해 이야기하는 방식이에요.

생각하기

- 생각과 의식은 어떻게 다른가요? 의식 없이 생각하는 기계가 존재할 수 있나요?
- 박쥐와 같은 동물들에게 의식이 있다고 생각하나요? 곤충은요?
- 정신이 단순히 뇌에 있는 어떤 것이라는 생각이 타당해 보이나요? 그 이유는요?

인식론

우리는 무엇을 알 수 있을까?

인식론은 '우리가 아는 것'과 '우리가 그것을 아는 방법'을 연구하는 학문이에요. '우리가 모르는 것'과 '우리가 알 수 없는 것'을 연구하는 학문이라는 사실 또한 중요하지요.

일반적으로 주장하는 바가 다르면 주장의 증거 또한 달라요. 내일의 날씨, 사건의 범인, 책을 놓고 온 장소 등이 궁금할 때 각 질문의 답을 찾기 위해서는 각기 다른 과정이 필요하지요. 철학자들은 답을 찾는 과정을 주의 깊게 살펴보고, 철학 주제에 대한 지식을 정당화하거나 혹은 배제하기 위해 새로운 과정을 만들어요.

우리는 **어떻게** 알까?

우리가 많은 것을 안다고 가정해 보세요. 어떻게 알게 된 걸까요? 지식을 얻는 방법들에는 좋은 방법들과 좋지 않은 방법들이 있나요? 우리가 아는 몇몇 지식은 다른 나머지 지식의 토대가 되는 기본 지식들인가요?

철학자들은 우리가 보고 듣는 것을 어떻게 평가하는지 보다 잘 이해하고, 지식을 얻는 더 좋은 방법이 있는지 알고자 해요. 스스로 대상을 알고 이해하는 능력을 과신하면, 자칫 수많은 잘못된 믿음을 갖게 될 수 있어요. 그러나 자신의 능력을 믿지 못해 중요한 진리를 놓치는 일은 피하고 싶지요.

누가 질문했을까?

기원전 2세기경, **아크샤파다 고타마**는 니야야 경전에서 우리가 사물에 관한 지식을 얻는 모든 방법들을 나열하고자 했어요.

- **인지** 감각을 사용해 배우는 방법.
- **추론** 결과(예: 연기)를 보고 원인(예: 불)을 아는 것과 같이 추리해 나가는 방법.
- **비교** 이미 하나를 알고 있어서(예: 개가 동물이라는 것을 안다), 비슷한 것에 대해 비슷한 결론(예: 늑대는 개와 비슷하기 때문에 늑대가 동물이라는 것을 알 수 있다)을 내리는 방법.
- **증언** 믿을 만한 사람의 말을 믿는 방법.

니야야 학파 철학자들은 이런 방법들을 통해 모든 종류의 지식을 알 수 있다고 생각했어요.

누가 대답했을까?

약 400년 후 니야야 학파의 **밧야야나**는 니야야 경전의 방법들에 문제가 없는지 고심했어요. 그는 원자를 예로 들었지요. 우리는 나무를 볼 때 나무 하나로 보지만, 나무가 수많은 작은 것들로 이루어져 있다면 우리의 인식이 잘못된 것이 확실해요. 밧야야나는 나무를 구성한 원자들이 진짜인 것처럼 인지를 통해 명확히 알 수 있는 나무 자체도 하나의 존재라고 주장했어요.

플라톤은 지식이 일종의 퍼즐이라고 주장했어요. 여러분이 찾고 있는 것에 대해 이미 알 때에만 지식을 얻고자 시도할 수 있다고 했지요. 예를 들어 나무를 이미 알고 있어야만 무언가를 나무로 인식할 수 있어요. 플라톤은 우리가 알 수 있는 모든 것을 이미 태어날 때부터 알고, 학습은 단지 그것들을 기억하는 일이라고 주장했지요. 바꿔 말해 우리는 무의식적으로 이미 아는 것을 의식적으로 알게 되는 거예요.

17세기 영국 철학자 **존 로크**는 지식을 갖고 태어난다는 플라톤의 생각이 터무니없다고 생각했어요. 그는 사람이란 감각을 통해 지식을 채우려 기다리는 빈 칠판 같다고 말했지요. 로크는 우리가 인지할 수 없을 만큼 작은 입자들에 대해, 유추를 통하여 그럴 법한 지식을 얻을 수 있다고 생각했어요. 이런 생각은 아크샤파다 고타마가 '비교'라고 불렀던 방법과 비슷해요. 예를 들어 어떤 물건들을 빠르게 비벼 불 피우는 것을 보고는 작은 입자들이 서로 빠르게 충돌하면 열이 발생할 수 있다고 추측할 수 있지요. 모든 지식은 궁극적으로 오감을 통해서만 얻을 수 있다는 로크의 견해를 경험주의라고 해요. 이때 감각 경험은 다른 모든 지식을 얻기 위한 기반이 되어야 하지요.

현실 세계

"볼 수 있어야 믿을 수 있다"라는 말처럼, 경험주의는 매우 그럴듯해 보여요. 그렇죠? 그러나 우리는 사람들의 말만 듣고도 많은 것을 믿어요. 예를 들어 호주에 직접 가 보지 않고도 호주가 정말로 존재한다는 다른 사람의 말을 믿지요. 여러분이 비행기를 타고 호주에 갔다 하더라도 여러분은 결국 항공사, 그곳에서 만난 사람들, 호주라고 쓰인 표지판을 믿는 거예요. 모두가 거짓일 수 있어요. 실제 여러분은 여전히 고향에 있는데 모두가 짜고 당신을 놀리는 것일 수도 있지요. 사람들의 말을 믿도록 해 주는 어떤 경험을 했나요?

선택하기

경험주의의 반대는 이성주의예요. 이성주의에서는 감각 경험이 아니라 이성이 우리에게 가장 기본적이면서도 중요한 지식을 줄 수 있다고 봐요.

경험주의자는 아크샤파다 고타마의 사물을 아는 네 가지 방법 가운데 인지가 가장 기본이라고 주장해요. 무언가 추론하거나 다른 사람의 말을 믿을지 결정하기 위해 이성을 사용할 수는 있지만, 경험주의자들은 이성만으로는 아무것도 알 수 없다고 주장하지요.

플라톤과 같은 이성주의자들에게는 이성 없이는 인지 역시 작동하지 않아요. 사람들은 무언가 인지할 때 개념을 사용해요. 예를 들어 사람들은 '개' '동물' '살아 있는' '털로 덮인' 등 이미 익숙한 개념을 사용해 개를 보지요.

우리는 단어의 의미를 설명해 준 어른들로부터 개념을 배운 듯해요. 그런데 이처럼 개념들을 이해하고 서로 주고받는 능력은 어떻게 가질 수 있는 걸까요? 플라톤은 개념이 감각이 아닌 이성에서 나온다고 생각했어요.

생각하기

- '대부분의 사람들은 거의 항상 진실을 말한다'라는 문장을 믿어야 하는 이유를 설명해 보세요.
- 여러분은 삼각형을 실제로 본 적이 있나요? 기하학에서 삼각형의 세 변은 완전히 직선이며, 변의 굵기는 0이라는 사실을 생각해 보세요. 이런 삼각형을 본 적이 있나요?

어떻게 **확신**할 수 있을까?

우리가 안다고 생각하는 많은 사실들이 있어요. 그런 사실들 가운데 대부분 혹은 모두가 거짓일 수 있을까요? 어쩌면 사람들이 우리에게 거짓말을 하고 있을 수도 있어요. 아니면 여러분의 삶은 긴 꿈이고, 여러분은 실제로 존재하는 유일한 사람일 수도 있지요. 혹은 우리 모두 진짜 사람이 아닐 수도 있어요.

우리의 감각이 언제나 올바르다고 어떻게 확신할 수 있을까요? 논리적으로 추론하거나 소위 상식을 이용할 때, 실수를 저지르고 있지 않다고 어떻게 확신할 수 있을까요? 우리가 세상의 실제 상태를 잘못 알고 있다면, 우리는 완전히 잘못하고 있는 것일지도 몰라요.

누가 질문했을까?

기원전 300년경, 그리스 철학자 **피론**은 감각에 대한 회의주의 전통에 영감을 주었어요. 우리도 감각이 종종 우리를 착각하게 만들 수 있다는 사실을 알지요. 예를 들어 하늘에서 빛나는 태양은 매우 작아 보이지만, 실제로는 매우 커요. 또 젓가락을 들어 유리컵 속에 넣으면 젓가락이 굽은 것처럼 보이지요. 손이 매우 차가운 상태에서 실내 온도와 비슷한 물속에 손을 담그면 물이 따뜻하게 느껴질 거예요. 그러나 여러분의 손이 이미 뜨겁다면 같은 온도의 물이라도 차갑게 느껴지겠지요.

우리의 감각이 종종 착각을 불러일으킨다면, 도대체 왜 감각을 믿어야 할까요?

누가 대답했을까?

회의주의는 모든 질문에 답을 가지고 있다고 주장했던 초창기 철학자들에 반하는 철학이에요. 인도 베다 철학자들은 자신들이 세상을 이해한다고 생각했어요. 이때 불교도들이 나와 회의적인 모습을 보이며 그들에게 질문했지요. 전해 내려오는 이야기에 따르면 피론은 인도에서 1년 반을 머물렀다고 해요. 그의 회의주의적 사고가 그곳에서 시작되었는지도 몰라요.

불교도였던 나가르주나는 고통으로 이끄는 믿음들에 대해 문제를 제기하려 회의주의를 이용했어요. 불교도들은 사람들 각자가 정말로 오랜 시간이 지나도 지속되는 **자아**를 가지고 있는지 의심했어요. 우리는 모두 경험을 하지만, 그 모든 경험들을 지닌 근원적인 자아나 영혼을 실제로 인지하지는 않아요. 결국 우리가 자아의 존재를 믿을 만한 이유가 없다면, 우리를 늘 걱정하게 만들었던 많은 것들은 자아의 존재에 대한 착각에서 비롯된 것이라고 할 수 있지요.

나가르주나와 비슷하게 피론은 평안을 위해 회의주의를 내세웠어요. 그는 우리가 아무것도 알지 못한다면, 철학적 문제들 때문에 고민하는 것을 멈출 수 있다고 주장했지요.

르네 데카르트는 우리가 무엇을 정말로 아는지 확실히 알기 위해 회의적인 질문을 활용했어요. 불교도들과는 달리 그는 자아가 유일하게 우리가 확실히 아는 것이라고 생각했지요. 그가 남긴 "나는 생각한다, 고로 존재한다"라는 유명한 말은 여러분이 꿈꾸고 있거나 인지한 모든 것이 거짓이라 할지라도 꿈을 꾸거나 속고 있는 자신은 분명히 존재해야 한다는 것을 의미하지요. 데카르트는 우리 자신에 대한 확신이 우리가 아는 나머지 지식의 근간이 되기에 충분하다고 봤어요.

현실 세계

과학자들은 그들이 안다고 여기는 것들도 의심해야 해요. 그런 의심 덕분에 과학자들은 끊임없이 질문하며, 과학이 계속해서 발전할 수 있지요.

그런데 감각을 신뢰할 수 없다고 생각하는 순간 과학은 불가능해져요. 게다가 세상에서 잘 살기도 어렵지요. 버스와 충돌하기 일보 직전에 혹시 버스가 허상일지 아닐지 생각하기 위해 멈춘다면, 그것은 매우 어리석은 일일 거예요. (피론이 제대로 앞을 보고 걷지 않아 친구들이 수레에 치일 뻔한 그를 구해야만 했다는 이야기가 있기는 하지만, 그는 철학적 이론들에만 회의적이었던 것 같아요.)

선택하기

데카르트는 여러분의 존재가 매우 분명해 증명할 필요가 없다고 생각했어요. 그리고 이는 자신의 존재에 대해 생각하는 사람들에게 명확한 것이 있다는 뜻이에요. 여러분은 존재에 대한 증거를 찾을 필요가 없어요. 생각하고 있다는 사실만으로 존재에 대한 모든 회의적인 의심을 날려 버릴 수 있지요.

경험주의자인 데이비드 흄은 데카르트와 의견이 달랐어요. 불교도들과 비슷하게 자아의 존재에 대해 회의적이었지요. 그는 우리가 실제로 경험하는 것은 일련의 생각과 인지일 뿐, 우리가 실제로 이 모든 것을 함께 연결하는 자아를 인지하지는 않는다고 주장했어요.

데카르트는 우리가 이성을 통해 얻은 명확한 사실들로부터 출발해야 하며, 그런 명확한 사실들을 사용해 감각 정보처럼 덜 명확한 정보들을 판단해야 한다고 생각했어요. 만약 자아에 대한 흄의 생각이 맞는다면, 이는 데카르트가 자신이 가장 확실하다고 생각했던 사실을 실은 잘못 안 것이며 회의주의와의 대결에서 완전히 패배했다는 뜻이지요.

생각하기

- 철학적 고민들이란 걱정거리만 만들 뿐이니 차라리 어깨를 으쓱하며 "알 수 있는 것은 아무것도 없어"라고 말하는 편이 낫다는 회의론자들에게 동의하나요?
- 회의주의가 옳고 우리가 실은 아무것도 확신할 수 없다고 가정해 보세요. 그럼 어떻게 해야 할까요? 확실함이 필요하기는 한 건가요?

알 수 없는 것이 있을까?

플라톤까지도 거슬러 올라갈 수 있겠지만, 17세기에 통용되던 지식의 정의는 '옳다고 증명된 참된 믿음'이었어요. '참된'과 '믿음'은 나름대로 타당해요. 그러나 '옳다고 증명된'은 어떤가요?

과학자들은 우리가 태어나기 수백만 년 전에 일어난 일이나 본 적도 없는 머나먼 우주에서 벌어지고 있는 일을 설명하기 위해 이론을 만들어요. 형이상학자들은 경험한 일들의 원인과 신의 존재에 대해 이야기하지요. 그들의 생각들이 과연 옳다고 증명될 수 있을까요? 혹은 영원히 알 수 없는 영역들이 있을까요?

누가 질문했을까?

12세기경, 스페인의 유대인 철학자 **모세스 마이모니데스**는 우리가 논리적 사고를 통해 무얼 할 수 있는지 매우 열심히 생각했어요. 그는 우리가 물리학을 배울 수는 있지만 물질 우주를 연구하는 천문학은 능력 밖이라고 주장했지요.

마이모니데스는 부정 신학으로 유명해요. **부정 신학**에서는 인간의 이해를 넘어서는 신에 대해 '신은 어떠한 분이다'라고 말할 수 없고, 대신 '신은 어떠한 분은 아니다'라고만 말할 수 있어요. 우리는 신이 전지전능하다는 사실을 알 수는 없지만, 신이 힘과 지식 및 다른 능력들에 있어 인간처럼 한계를 갖지는 않는다는 것은 알 수 있지요.

누가 대답했을까?

데이비드 흄과 같은 경험주의자들은 우리가 알 수 있는 것과 알 수 없는 것을 명확히 구분했어요. 우리는 인간의 경험에 의존하는 과학 실험을 할 수 있고 수학도 할 수 있지만, 그런 것들을 넘어서는 철학은 뭐가 됐든 쓸모없다고 했지요.

그러나 흄과 같은 시기에 활동했던 경험주의 철학자 **조지 버클리**는 우리가 보는 모든 것들이 우리와 신의 정신 속 표상으로 이루어졌다는 것을 우리가 사실상 알고 있다고 주장했어요. 이런 견해를 관념론이라고 해요. 버클리는 정신과 상관없는 것이 존재한다는 생각은 타당하지 않다고 보았지요.

임마누엘 칸트는 이 세상을 경험하고 탐구할 수 있는 인지 가능한 세계와 우리의 지식을 넘어서는 인지 불가능한 세계로 나누었어요. 예를 들어 우리는 신의 존재나 우주의 기원에 대해, 혹은 유물론(우리가 보는 모든 것은 물질이라는 이론)이나 관념론(우리가 보는 모든 것은 단순히 표상이라는 이론)의 사실 여부에 대해 논쟁할 수 없어요. 다만 인지 불가능한 세계를 알 수는 없을지라도 그것을 믿을 수는 있다는 사실을 명심하세요.

칸트는 우리가 경험하는 바를 창조하는 것이 사실상 우리의 정신인 만큼 인지 가능한 세계에 대해 우리가 많은 것을 알 수 있다고 생각했어요. 정신은 시간, 공간, 원인, 결과, 물질 등 여러 존재하는 것들을 현상으로 투영해 줘요. 예를 들어 우리는 정신 덕분에 모든 결과에 이유가 있다는 사실을 확실히 알 수 있지요.

현실 세계

여러분은 사과를 확인하기 위해 사과를 한 입 깨물어 먹을 수 있어요. 무게를 측정하거나 현미경 아래에 놓고 관찰할 수도 있지요. 그리고 이런 일들에 사용한 기구들이 잘 작동했다면, 사과에 대한 약간의 지식도 얻을 수 있을 거예요.

그러나 그런 방법으로는 사과가 단지 분자와 같은 물질로 이루어졌다는 에피쿠로스 같은 물질주의자의 생각과 사과는 단지 관념일 뿐이라는 버클리 같은 관념론자의 주장 가운데 어느 쪽이 옳은지 결정할 수 없어요. 두 가지 생각에 따라 현실 세계의 사과가 달라지는 것은 아니므로, 몇몇 철학자는 이런 생각의 차이가 무의미하다고 주장했지요.

선택하기

모든 경험주의자들은 오직 감각을 통해서만 세상을 안다는 것에 동의해요. 우리 모두 사과를 경험하므로, 사과는 존재할 가능성이 매우 높아요. 그런데 우리가 실제로 감각을 통해 인지한 것은 무엇일까요? 우리는 '빨간' '둥근' '즙이 많은' '달콤한' 등의 특징들을 감지했어요.

데이비드 흄은 이런 특징들의 묶음이 사과라고 보았어요. 존 로크는 우리가 한 물체를 직접 경험할 수 없더라도, 그런 특징들을 가진 무언가가 존재해야 한다고 여겼지요.

로크는 물체가 정신과는 상관없다고 보았는데, 이는 누군가 그 물체를 생각하든 생각하지 않든 그 물체가 존재한다는 뜻이에요. 조지 버클리는 정신과 상관없는 물체라는 개념은 자기 모순적이라고 여겼어요. 버클리는 우리가 생각할 수 있는 모든 것은 생각으로 떠오르므로 정신과 상관없을 수 없다고 주장했지요.

어느 누구도 생각하지 않는 사과를 생각해 보세요. 불가능해요. 바로 지금 여러분이 사과를 생각하고 있기 때문이지요.

생각하기

- 여러분이 방에 책을 두고 나왔을 때, 누군가 그 책을 가져가지 않는 한 책이 그곳에 그대로 있다고 생각할 거예요. 왜 그런가요?
- 여러분은 이 세상에 정신과 독립적인 것은 존재할 수 없다는 버클리의 주장에 동의하나요? 왜 그런가요? 혹은 왜 그렇지 않은가요?
- 여러분은 옳다고 확인되지 않은 사실도 지식이 될 수 있다고 생각하나요?

진실이란 무엇일까?

일반적으로 사람들은 무언가 말하거나 생각하거나 믿을 때, 정확하고자 노력해요. 다시 말해 자신의 말과 생각이 이 세계를 정확히 표현하기를 바라죠.

우리는 특별한 경우에 실수하거나 거짓말을 할 수도 있어요. 그러나 사람들이 평소에 늘 거짓말을 한다면, 우리는 언어를 이해할 수 없을 거예요. 선생님이 단어의 의미를 가르치면서 계속 거짓말한다고 상상해 보세요!

그러므로 우리는 진실이 무엇인지 이미 알고 있어야 해요. 그러나 철학자들은 우리가 아는 것조차 분명하게 이야기하는 일은 종종 어려

우며, 우리가 틀렸다는 사실을 알게 될 수도 있다고 말하죠.

누가 질문했을까?

13세기 이탈리아 가톨릭 신학자이자 철학자인 **토마스 아퀴나스**는 "판단은 현실 세계와 일치할 때 사실이다"라고 말하며, 진리에 대한 전통적인 이론을 정립했어요. 그의 이론을 **진리 대응론**이라고 해요.

아퀴나스는 우리가 수많은 철학적 진리를 알 수 있다고 생각했어요. 사실 그의 이론은 진리를 아는 우리의 능력을 의심하는 방법으로, 기원전 2세기 그리스 회의론자인 **카르네아데스**에게까지 거슬러 올라가요. 진리가 '우리의 믿음을 세상과 비교하는 과정'을 포함한다면, 믿음과 세상이 일치하는지를 확인하기 위해 어떻게 세상에 직접 접근해야 할까요?

누가 대답했을까?

진리가 '정신 속 무언가'와 '정신과 상관없는 세상의 무언가'가 일치하느냐의 문제라면, 정신과 상관없는 세상을 믿지 않았던 버클리나 그런 세상에 대해서는 아무것도 알 수 없다고 생각한 칸트와 같은 철학자들은 무척 곤란하겠죠.

믿음을 세상과 비교하는 대신에 다른 믿음과 비교하는 방법도 있어요. 여러분의 믿음들은 서로 모순되지 않고 잘 맞나요? 이런 방법을 **진리 정합론**이라고 해요. 이 이론에 따르면, 여러분이 생각한 새로운 믿음은 여러분의 다른 믿음들과 모순 없이 잘 맞을 때 사실로 규정할 수 있어요.

진리 정합론에 찬성하는 철학자 가운데 **바뤼흐 스피노자**가 있어요. 그는 객체와 그 객체에 대해 우리가 가진 생각이 관점만 다를 뿐 사실상 동일하다고 생각했지요. 20세기 초 영국 관념론자 **해럴드 조아킴**은 믿음이 체계적이고 일관된 세계관과 잘 맞는다면 사실이라고 주장했지요.

1800년대 후반, 미국인 철학자 **찰스 샌더스 퍼스**는 **진리 실용론**을 제시했어요. 같은 문제에 대해 충분히 오랜 기간 연구해 온 연구자들이 결론적으로 동의할 의견이라면 그 의견은 진리라는 이론이에요. 예를 들어 지구는 평평한가요, 둥근가요? 역사적으로 여러 연구자들이 다양한 실험들을 수행하며 지구가 둥글다는 이론에 최종 동의했어요. 그러므로 '지구가 둥글다'라는 명제는 진리예요.

미국인 실용주의자 **윌리엄 제임스**는 진리 혹은 진실을 '올바르게 작동하는 것' '우리가 따라 행동할 수 있는 것' 등으로 정의했어요. 내 장화에 뱀 한 마리가 있다는 것이 진실인가요? 그 믿음 덕분에 뱀에 물리는 것을 피했다면, 예 맞아요, 그것은 진실이에요.

현실 세계

월리엄 제임스에 따르면, 믿음은 그 자체로 진실이나 거짓인 게 아니라 일어난 사건에 의해 진실이나 거짓이 돼요. 예를 들어 여러분은 내일까지 제출할 수학 숙제가 없다고 믿고 있어요. 그런데 다음 날 선생님은 숙제를 제출하라고 말해요. 여러분의 믿음대로 되지 않았네요. 그렇죠? 그러므로 여러분의 믿음은 거짓이었어요.

그러나 수학 수업 시간 동안 긴급 회의가 생기거나 혹은 선생님이 숙제 걷는 것을 잊어버린다면, 윌리엄 제임스는 여러분의 믿음이 진실로 판명되었다고 주장할 거예요.

선택하기

진리 정합론과 진리 실용론은 사람들이 진실인 것에 대해 결론 내리는 방법으로 시작하기 때문에 흥미진진해요. 지금 비가 온다고 믿는다면, 밖에 직접 나가 확인하는 방식으로 믿음이 사실인지 아닌지 확인할 수 있어요.

진리 대응론을 따른다 해도 나는 비슷한 일을 할 거예요. 그러나 밖에 나가 확인하는 것만으로는 충분하지 않을 수 있어요. 내가 인지하고 있다고 여기는 것이 실제로 비가 아닐 수 있지요. 예를 들어, 환상이나 꿈일 수도 있을 거예요. 나의 믿음은 여전히 현실 세계와 일치하지 않을 가능성이 있어요.

진리 정합론과 진리 실용론에서는 내 믿음이 '내가 지금 맑은 날씨를 만끽하고 있다'라는 사실과 모순되는 경우와 같은 상호 모순을 만들지 않는 한 진실로 간주돼야 한다고 주장해요.

진리 대응론에서는 이것이 일종의 속임수라고 말해요. 현실 세계는 누군가의 믿음에 따라 달라지는 것이 아니기 때문이에요.

생각하기

- 진리에 대한 이론이 필요하다고 생각하나요? 아니면 진리란 너무도 기본적인 것이라 정의할 수도 없다고 보나요?
- 어느 누구도 알 수 없는 사실이 있다면, 그것은 여전히 사실일까요?
- 내 모든 믿음이 거짓일 가능성이 있을까요?

과학은 다른 **지식들**과 어떻게 다를까?

과학 철학은 인식론에서 발전 및 분화된 철학 분야예요. 과학 철학자들은 우리가 일상 환경에서 사물을 어떻게 아는지 혹은 추상화된 형이상학적 진리를 어떻게 알 수 있는지 궁금해하는 대신, 과학자들이 무슨 일을 어떻게 하는지에 흥미를 갖고 있지요. 과학적인 방법은 무엇일까요? 무엇을 과학적인 증거라고 생각하나요? 과학은 어떻게 오랜 시간 동안 발전해 왔을까요?

사람들은 언제나 자연 세계를 관찰해 왔어요. 그리고 아리스토텔레스, 탈레스, 의사 **갈렌**, 천문학자 **프톨레마이오스**는 세상을 관찰하고 책으로 기록했지요. 그러나 독자적 연구 방법론을 갖춘 근대 과학은 16

세기 무렵까지는 실행되지 않았어요.

누가 질문했을까?

영국 사상가 **프랜시스 베이컨**은 사실들을 편견 없이 모으는 체계적인 실험 방법이 포함된 과학적인 방법론을 제시했어요. 그는 지식의 성장을 막는 원인이 무엇인지 질문하며 지식의 성장에 방해가 되는 편견들을 찾아 확인했지요. 편견 가운데 일부는 인간 본성에 내재돼 있어요. 인간은 사실 아무것도 모르는 일들에 대해 과장하고 이야기를 지어내는 경향이 있지요. 몇몇 편견은 교육 때문이에요. 예를 들어 여러분이 화학을 공부한다면, 여러분은 모든 문제에 화학적인 해결책이 있어야 한다고 생각하지요. 또한 우리는 현실을 반영하지 못한 언어 사용 때문에 속기도 해요. 예를 들어 해는 가만히 있고 지구가 돌고 있는 것인데 우리는 해가 떴다고 말하지요.

베이컨은 추측과 철학을 통해 얻은 과거의 잘못된 지식을 버리고, 실험을 통해 누구나 공감할 수 있는 완전히 검증된 방법으로 세계에 대한 지식을 얻어야 한다고 생각했어요. 베이컨은 원인과 결과에 관한 지식을 추구하는 것이 과학이며, 과학자들은 자신의 방식으로 확인한 지식들을 완전하게 확신해도 된다고 여겼지요. 이런 방법을 통해 우리의 지식은 오로지 증가하고 늘어만 갈 거예요.

누가 대답했을까?

1930년대 오스트리아 출생의 영국 철학자 **칼 라이문트 포퍼**는 실험으로 과학 이론을 증명할 수 없다고 주장했어요. 예를 들어 내가 '중력 때문에 모든 무거운 물체가 떨어진다'라는 이론을 증명하려 한다면, 아무리 많은 물체를 떨어뜨려 본들 그 이론을 증명해 보일 수 없지요.

우주 비행사들은 지구 밖에서는 물체의 무게가 나가지 않는다는 것을 보여 주었어요. 그들은 전혀 떨어지지 않아요. 오히려 둥둥 떠다니지요. 이런 관찰 결과는 중력에 관한 내 이론이 틀렸다는 것을 보여 줘요. 포퍼는 이론이 맞는다는 것을 보여 주는 확증을 통해서가 아니라 이론이 틀렸다는 것을 보여 주는 반증을 통해 과학이 발전한다고 생각했어요. 과학적 방법에는 이론을 **반증**하기 위한 실험을 고안하는 과정이 들어 있지요. 그런 실험들이 이론의 오류를 보여 주지 못한다면, 우리는 당분간은 그 이론을 계속 받아들일 수 있어요.

1962년 미국의 과학 역사가인 **토머스 쿤**은 그가 **패러다임**이라고 불렀던 과학적 세계관은 실험을 통해 반증할 수 없다고 주장했어요. 실험 결과가 한 패러다임이 틀렸음을 보여 주는 것처럼 보일 때, 일반적으로 과학자는 그 패러다임을 포기하는 대신 실험에서 무언가 잘못되었다고 결론 내리거나 혹은 실험 결과를 아직은 설명할 수 없는 것으로 간주하지요. 쿤은 패러다임에서 변화란 패션의 변화와 비슷하며, 대개 젊은 과학자들이 나이든 과학자들을 대체하면서 일어난다고 생각했어요.

1980년대에 헝가리 철학자 **임레 라카토슈**는 과학을 서로 다른 '연구 프로그램들'(패러다임에 대한 대체 개념)을 수행하는 사람들로 묘사했어요. 연구 프로그램은 덜 중요한 주장들로 둘러싸인 핵심 이론들로 구성돼요.

라카토슈에 따르면 모든 이론들은 처음 제시될 때 그 이론에 맞지 않는 사실들이 있어요. 예를 들어 **아이작 뉴턴**의 운동 법칙이 널리 받아들여졌을 때, 이미 과학자들은 원형이 아닌 수성의 이상한 이동 경로를 뉴턴의 운동 법칙으로 설명하지 못한다는 것을 알았어요. 그것은 포퍼가 주장한 '이론을 반증'하는 관찰이에요. 그러나 뉴턴을 지지하는 과학자들은 운동 법칙을 버리는 대신 수성보다 태양에 가까운 다른 행성들이 수성의 정상적인 궤도 이동을 방해하는 것이 틀림없다고 주장했지요. (사실 그렇지는 않아요.)

20세기에 이르러 **앨버트 아인슈타인**이 새로운 물리학 연구 프로그램을 발명한 후에야 수성의 움직임을 설명하고 전에는 연구할 생각도 못했던 것들에 대해 예측할 수 있게 되었어요. 라카토슈의 견해에 따르면 깜짝 놀랄 만한 새로운 발견들은 한 연구 프로그램을 다른 연구 프로그램보다 좋게 만들기는 하지만 덜 예측적인, 즉 덜 우수한 프로그램이 틀렸다는 뜻은 아니에요.

현실 세계

쿤과 라카토슈에 따르면, 사람들은 기존 믿음과 모순되는 무언가를 알게 되었을 때, 기존 믿음을 될 수 있으면 조금만 바꾸려 한다고 해요.

예를 들어 선생님이 똑똑하고 경험과 지식이 풍부할 뿐만 아니라 학생인 나를 잘 가르치고 싶어 한다는 믿음을 지녔다고 가정해 보세요. 그 선생님이 내게 말한 어떤 사실이 틀렸다는 것을 알게 되었을 때, 내가 선생님의 잘못을 이해하는 가장 간단한 방법은 선생님이 작은 실수를 범했다고 생각하는 거예요.

내가 생각을 바꿔 선생님이 아는 것도 별로 없고 똑똑하지도 않으며 학생들에게 거짓말하고 있다고 결론을 내기까지는 선생님에 대한 부정적인 사례들을 많이 보아야 할 거예요.

선택 하기

베이컨과 포퍼는 과학적인 방법이 올바르게 사용되는 한 과학의 진보는 타당하고 당연한 일이라는 데 동의했어요.

쿤은 이런 주장에 동의하지 않았어요. 그는 과학자들이 주어진 패러다임 안에서 더 많은 정보를 모으며 과학을 안정적으로 발전시킬 수 있다고 보았지요. 그러나 각 패러다임에는 의심할 수 없는 핵심 가정들이 있으며, 이는 과학 발전을 제한해요.

예를 들어 대부분의 자연 과학자들은 독심술이나 귀신 같은 초자연적인 것에 의존하는 과학적 결론을 받아들이지 않을 거예요. 이와 비슷하게, 뉴턴을 신봉하는 물리학자들은 우주가 곡선 모양이라는 아인슈타인의 생각을 진지하게 고려하지 않아요. 쿤은 뒤에 나온 패러다임이 앞서 나온 패러다임보다 반드시 좋다고 보지는 않았어요.

라카토슈는 과학의 발전이 실험 결과들을 합리적으로 살펴보는 정도의 단순한 문제가 아닐지라도, 우리가 발전하는 연구 프로그램과 쇠퇴하는 연구 프로그램은 구분할 수 있다고 주장했어요.

생각하기

- 과학이 언제나 진리를 향해 앞으로 나아간다고 생각하나요? 오랫동안 잘못된 것들만 잔뜩 배우고 있을 가능성은 없을까요? 왜 그런가요?
- 너무 편향돼 공정하게 답할 수 없는 문제들이 있다고 느끼나요? 왜 그런가요? 혹은 왜 그렇지 않은가요?
- 여러분이 수행할 수도 있는 실험과 그 실험의 결과를 해석하는 두 가지 상반된 방법들을 생각해 보세요.

윤리학

우리는 무엇을 해야 할까?

윤리는 옳고 그름에 관한 것이에요. 개인의 행동 규범을 나타내는 '도덕'이라는 용어와는 달리 '윤리'는 의료 윤리처럼 직업 규범을 뜻하지요. 그러나 이런 차이에 너무 당황하지 마세요. 사실 굳이 구분해 사용하지 않아도 전혀 문제가 없거든요. 모든 사람들은 올바른 행동과 나쁜 행동에 대해 의견을 갖고 있어요. 그런 의견들 가운데 과연 어떤 것이 옳고, 어떤 것이 틀렸을까요?

사람마다 **올바른** 행동의 **기준**이 다를까?

초콜릿 아이스크림을 좋아하는 사람도 있고, 바닐라 아이스크림을 좋아하는 사람도 있어요. 물론 아이스크림을 전혀 좋아하지 않는 사람도 있지요. 차이가 있을 뿐, 그들 중 어느 누구도 틀린 것은 아니에요. 도덕도 이와 비슷할까요?

만약 비슷하다면 도덕은 개인 취향의 문제라고 할 수 있어요. 덧붙일 말 없는 개인 의견일 뿐, 철학은 필요하지 않아요.

같은 공동체에 속한 사람들 사이에 도덕에 관한 많은 합의가 있다는 사실은 흥미로워요. 사회 공동체의 전통에 따라 일반적이라고 간주되는 사회 관습들에는 올바른 행동에 관한 수많은 의견, 예를 들어 '무엇을 먹어야 하나' '존경의 마음은 어떻게 나타내야 하나' 등에 관한 여러 의견이 있지요.

누가 질문했을까?

소크라테스가 세상을 떠나기 수십 년 전, 그리스 역사학자 **헤로도토스**는 여러 나라들 사이에 도덕에 관한 기준이 매우 다른 이유가 무엇인지 무척 궁금해했어요. 예를 들어 그리스 사람들은 존경의 의미로 죽은 사람을 땅에 묻었지요. 그런데 어떤 나라에서는 존경의 의미로 죽은 사람을 먹었어요. 양쪽 모두 자신들의 전통이 도덕적으로 올바르다고 생각했지요.

헤로도토스는 윤리 개념이 탐구할 수 있는 것이고 이에 대해 누구나 기대하는 객관적인 사실들이 있다면, 어째서 전 세계 모든 사람들이 같은 도덕적 결론에 이르지 않는 것인지 의문을 가졌어요. 아마도 올바름에 대한 여러분의 생각은 단순히 여러분이 태어난 곳에 따라 달라지는 것일 수도 있어요.

누가 대답했을까?

기원전 500년경 중국의 정치가이자 철학자인 **공자**는 자연과 조화를 이루며 사는 게 윤리적이라고 주장했어요. 이는 야생에서 생활해야 한다는 뜻이 아니에요. 공자는 사회 역시 자연의 일부라고 봤어요. 그러므로 자연과 조화를 이루어 산다는 것은 사회가 정한 의무를 행하며 산다는 뜻이에요. 여기서 의무는 당연히 사회마다 다를 거예요.

아리스토텔레스는 윤리성이 인간 본성의 일부이므로 과학적인 방법으로 탐구할 수 있다고 생각했어요. 우리는 동물의 성장을 관찰하며 동물의 성장에 무엇이 좋은지 연구할 수 있지요. 동물과 마찬가지로 인간 역시 건강하고 강하게 자라기 위해 노력해요. 그리고 그런 모습은 인간 선의 일부예요. 그러나 다른 동물들과는 달리 인간은 생각할 수 있으며, 아리스토텔레스는 잘 생각하는 것이 인간으로서 최고의 선이라고 주장했지요.

19세기 초 영국의 철학자이자 법학자인 **제러미 벤담**은 무엇이 인간에게 기쁨과 고통을 가져오는지 관찰하여 윤리를 과학적으로 탐구할 수 있다고 주장했어요. 그는 대부분의 사람들에게 가장 많은 기쁨과 가장 작은 고통을 가져오는 것이 올바른 행동이라고 정의했지요.

20세기 초 미국 인류학자 **루스 베네딕트**는 도덕 규범이 전적으로 문화에 달려 있으며, 우리가 다른 문화의 도덕 기준을 존중해야 한다고 주장하기 위해 다른 문화들을 과학적으로 탐구했어요. 우리는 이상해 보이는 가치와 관습을 접했을 때 그 문화를 연구함으로써 그 사람들이 왜 그런 도덕 기준을 갖추었는지 이해할 수 있지요.

현실 세계

모든 사회에는 고유한 관습이 있어요. 그리고 그곳 사람들은 그 사회의 관점에 따라 도덕적 판단을 내리지요. 우리는 각 나라의 관습에 따라 무언가가 옳은지 틀렸는지 물을 수 있어요. 베네딕트와 같은 사상가들은 어느 규범이 더 나은지 결정할 수 없다고 주장하지요.

예를 들어 몇몇 나라에서 여성들은 외출할 때 남성 친척과 반드시 동행해야 해요. 다른 나라들에서는 여성들도 자유롭게 이곳저곳을 다닐 수 있지요. 몇몇 나라에서는 음주와 도박이 허용되지만, 음주와 도박을 비도덕적인 일로 생각하는 나라들도 있어요. 여러분은 베네딕트의 생각에 동의하세요?

선택하기

정치 자문가인 공자는 사회가 질서 있고 평화롭게 유지되길 바랐어요. 모든 사람은 좀 더 예의바르고 성실하며 친절하기 위해 노력해야 하고, 우리는 사회 전통으로 전해 내려온 기준들을 충족하기 위해 노력해야 해요. 이를 통해 우주의 자연 질서와 조화를 이루게 될 테고요.

중국에는 옛날부터 전해져 내려오는 도가라는 철학 사상이 있어요. 도가는 공자와 비슷한 시기에 살았던 **노자**가 창시했지요. '도'는 사람들이 마땅히 행동해야 하는 길이나 경로를 뜻해요. 노자 역시 자연과 조화를 이루어 살라고 가르쳤지요. 그러나 이런 삶의 방식이 사회와는 전혀 관련이 없다고 생각했어요. '도'는 모든 것을 거쳐 흐르며, 우리를 한데 묶고, 우리에게 방향을 주는 힘이에요. 사회의 기대와 규범은 도에서 벗어난 일이지요. 우리 모두 뒤로 물러나 깊이 생각하면, 자연스럽게 평화롭고 친절하며 이타적으로 될 수 있다고 본 거예요.

생각하기

- 과학자들이 무엇이 맞고 무엇이 틀렸는지 혹은 어떤 문화가 옳고 어떤 문화가 그른지 연구할 수 있다고 생각하나요?
- 여러분이 속한 사회의 문화에서 옳다고 혹은 틀렸다고 생각하는 관습들은 무엇인가요? 그렇게 생각하는 이유는 무엇인가요?

어떤 사람이어야 할까?

우리는 흔히 윤리를 사실상 규칙이라고 여겨요. 올바른 규칙을 따르면, 올바른 일을 하고 있다고 생각하지요.

그러나 규칙과 행동만이 우리가 윤리에 대해 생각하는 전부는 아니에요. 여러분이 "아무개라면 어떻게 했을까?"라고 묻는다면, 이는 규칙을 묻는 것이 아니에요. 여러분은 자신이 원하는 모습을 구체화하고는 본받을 만한 사람을 선택해요. 왜냐하면 여러분이 원하는 **미덕**을 그들이 지녔기 때문이지요. 여러분은 영웅이나 성자나 천재가 되기를 바라지요. 만일 그런 사람들의 미덕을 갖췄다면, 여러분은 언제든 무슨 일을 해야 하는지 알 거예요.

누가 질문했을까?

플라톤, 아리스토텔레스, 공자, 노자는 모두 미덕이 윤리라고 가르쳤어요. 이 사상가들이 생각하기에 인간의 본성에는 내재된 목적들이 있지요. 그 목적들을 달성하면 여러분은 인간, 즉 덕 있는 존재가 돼요.

아리스토텔레스는 인간의 잠재력을 달성하기 위해 초월적인 성인이나 현자가 될 필요는 없다고 봤어요 미덕의 핵심은 중용이에요. 너무 조금 먹으면 굶어 죽어요. 반대로 너무 많이 먹으면 건강이 나빠질 거예요. 중용의 덕을 절제라고도 하지요.

용기도 마찬가지예요. 용기가 부족하면 겁쟁이예요. 그러나 용기가 지나치면 어리석어지죠. 덕의 중심은 지혜이며, 지혜가 있으면 한쪽에 치우지지 않은 선한 길을 찾을 수 있어요.

누가 대답했을까?

토마스 아퀴나스는 아리스토텔레스의 사상을 기독교와 결합하려 했어요. 그는 덕과 규칙을 따로 떼어 생각할 수 없다고 봤지요. 덕을 갖추기 위해서는 도덕 원칙을 제공하는 양심을 갖고 있어야 해요. '네 이웃을 사랑하라'는 가장 중요한 원칙이에요.

18세기 독일 철학자 **프리드리히 니체**는 최상의 자신이 되는 방법을 알기 위해서는 자신의 본성에 주목해야 한다고 여겼지만, 모든 사람이 같은 인간성을 가졌다고 보지는 않았어요. 인간은 누구나 번성하고 싶어 해요. 그러나 자신의 번성 방식이 다른 사람의 방식과 같을 필요는 없어요. 우리가 본받아야 하는 단 하나의 윤리적 이상이란 없어요. 대신 개개인은 훌륭해지는 자신만의 고유한 길을 개척해야 해요.

스코틀랜드계 미국인 철학자 **알래스데어 매킨타이어**는 요리나 기타 연주처럼 우리가 이미 하고 있는 행동에 내재된 목표를 찾아보는 방식으로 아리스토텔레스의 잠재된 목표를 현대적으로 개념화했어요. 우리는 요리나 기타 연주를 할 때, 우리의 문화로부터 전해져 내려온 기준에 따라 잘하고자 노력하지요. 인간의 큰 목표는 작은 목표들을 일관적이고 완전성 있는 삶으로 합치는 거예요.

20세기 영국의 소설가이자 철학자인 **아이리스 머독**은 미덕이 상황에 따라 도덕적으로 요구되는 것에 민감해지는 문제라고 주장했어요. 이를 위해서는 자신의 내면만이 아니라 바깥세상도 보아야 해요. 머독은 "도덕적인 삶의 적은 비대하고 잔인한 **자아**이다"라고 주장했어요. 덕을 쌓기 위해서는 자기 자신을 극복하고 주의를 기울여야 해요.

현실 세계

도덕적으로 이상적인 사람의 모습을 생각한다면, 여러분은 언제나 다른 사람을 주의 깊게 먼저 배려하고 도덕 규칙을 지키는 사람을 떠올릴 거예요.

아리스토텔레스는 윤리적으로 행동하는 가장 좋은 방법은 차분하고 이성적으로 판단할 수 있도록 자신의 인성을 훈련하는 것이라고 봤어요. 사람들은 이런 훈련을 통해 사실상 자기 자신을 되돌아보며 관찰할 수 있지요. 여러분은 건강하게 먹고, 열심히 운동을 하고, 충분한 수면을 취해야 해요. 무엇보다 중요한 일은 여러분 주위를 무언가 배울 수 있는 존경할 만한 사람들로 채우는 것이고요. 자기 자신을 돌보는 과정을 통해야만 윤리적으로 행동할 만큼 강해질 수 있지요.

선택 하기

매킨타이어는 흔히 도덕과 상관없다고 여겨지는 탁월함들에 도덕적 행동의 기초를 두고자 노력하며 아리스토텔레스와 니체의 주장을 따랐어요. 똑똑하고 재능과 통찰력을 갖춰서 자신의 생각을 잘 설명하는 일은 분명 인상적이고 유용해요. 확실히 그런 능력을 가진 사람들이라면 자신이 무엇을 해야 하는지 제대로 생각할 수 있을 거예요. 동의하나요?

임마누엘 칸트의 생각은 달랐어요. 그는 올바른 행동은 오직 올바른 의지에서 나온다고 주장했지요. 올바른 의지란, 도덕적으로 올바른 일을 하고자 원한다는 뜻이에요. 나쁜 의지를 가진 사람이 똑똑하고 재능과 통찰력이 있다면 그런 능력은 나쁘게 사용될 거예요. 멍청한 범죄자보다 능력 있는 범죄자가 훨씬 큰 해를 끼치는 법이지요.

여기서 한 가지, 도덕적 가치는 우리의 다른 가치들과 어떤 상관관계를 가질까요? 아리스토텔레스는 무엇이 사람들을 행복하게 만드는지 이해하는 일이 윤리학을 공부하는 첫걸음이라고 여겼어요. 그러나 칸트는 윤리적인 것은 의무를 다한다는 뜻으로, 행복과는 상관없다고 주장했지요.

생각하기

- 여러분은 자신이 어떤 사람인지가 중요하다고 생각하나요? 아니면 올바른 일만 하면 된다고 생각하나요?
- 사람마다 이상적인 모습이 각기 달라야 한다는 니체의 주장에 동의하나요? 도덕의 기준을 사람마다 다르게 적용해야 할까요?
- 이타적인 마음이 미덕에 필수적이라고 생각하나요? 왜 그런가요? 혹은 왜 그렇지 않은가요?

사람은 **종교 없이**도 **선할** 수 있을까?

"신을 믿지 않는다면, 당신에게는 도덕 기준이 없는 것이다"라고 말하는 것을 들어 본 적이 있나요? 혹 여러분이 그렇게 이야기했을지도 모르겠네요. 성경, 토라(유대 율법서), 코란 혹은 다른 종교 경전을 통해서만 도덕을 알 수 있다면 서로 다른 종교를 믿는 사람들끼리는 공통된 도덕을 가질 수 없을 거예요.

그러나 대부분의 사람들은 중요한 도덕적 원칙들에 대해 종교에 상관없이 같은 생각을 갖고 있어요. 대부분의 사람들은 살인이나 상해는 나쁜 짓이며, 동정심은 좋은 것이라고 생각하지요. 왜 그럴까요? 단순히 사회에 대한 종교의 영향 때문일까요? 그래서 심지어 신을 믿지 않는 사람들까지도 종교에서 비롯된 도덕적 신념을 갖는 걸까요?

누가 질문했을까?

플라톤은 매우 신실한 사람이었어요. 플라톤이 쓴《대화편》에는 "신들은 특정한 행동들이 경건하기 때문에 그 행동들을 사랑하는가? 아니면 신들이 특정 행동들을 사랑하기 때문에 그 행동들이 경건한 것인가?"라는 질문이 있어요. 플라톤은 "객관적으로 옳은 일들이 있으며, 신들 또한 그 일들이 올바르다는 것을 안다"라고 대답했어요. 신들은 우리가 그런 옳은 일들을 행하길 바라고요.

신들이 옛날에 일어난 아무 일이나 하나 골라서 올바르다고 선언하는 일 따위는 없어요. 책에 신이 "살인은 위대한 일이다"라고 선포했다고 쓰여 있다면, 그 책이 틀림없이 거짓을 말하고 있거나 여러분이 잘못 읽고 오해한 것일 거예요.

누가 대답했을까?

플라톤의 답변은 올바른 종교 계명에는 그 이면에 그만 한 이유가 있다는 뜻이에요. 즉 이유가 있는 만큼 종교를 가지고 있는지 여부와 상관없이 누구나 윤리를 이해할 수 있다는 의미지요. 플라톤은 인간이 자연스럽게 올바른 일에 이끌리며, 올바른 마음은 잊어버린 기억처럼 우리 안에 있다고 생각했어요. 결국 철학은 가라앉아 있는 기억을 표면으로 떠오르게 하는 일이에요.

기원후 400년경 알제리의 철학자이자 주교인 **성 아우구스티누스**는 신명론을 주장했어요. 그 이론에 따르면 옳은 일을 올바르게 만드는 것은 오직 신의 명령이에요. 아우구스티누스는 모든 사람이 죄인으로 태어났기 때문에 우리는 스스로 윤리를 이해할 수 없고 심지어 옳은 일이 무엇인지 알면서도 종종 죄를 저지른다고 생각했지요.

임마누엘 칸트는 종교 경전을 읽지 않아도 근본적인 도덕적 사실들을 알 수 있다는 플라톤의 생각에 동의했어요. 칸트는 이런 도덕적 사실들을 이성으로 알 수 있다고 봤지요. 예를 들어 다른 나라에서 온 외국인도 이성적으로 생각하는 사람이라면 윤리를 이해할 수 있어요.

19세기 덴마크 철학자 **쇠렌 키르케고르**는 칸트의 윤리 이론에 동의하면서도 종교가 윤리를 지배한다고 주장했어요. 즉 신의 명령이 비윤리적으로 보일지라도 신을 믿어야 한다고 말했어요.

20세기 영국 가톨릭 철학자 **엘리자베스 앤스콤**은 도덕에 관해 이야기하는 우리의 언어가 계명을 만드는 신을 마음에 두고 개발되었다고 주장했어요. 그러므로 도덕 규칙과 의무에 관한 이야기는 우리가 복종해야 하는 규칙 제정자, 즉 신이 있을 때 이해되지요. 종교를 포기하는 일은 윤리에 관해 완전히 다시 생각해야 한다는 뜻이 돼요.

현실 세계

해석학은 글을 어떻게 해석해야 하는지 연구하는 학문이에요. 2세기 무렵 **알렉산드리아의 오리겐**과 4세기 무렵 아우구스티누스까지 거슬러 올라가 살펴보면 종교인들은 성경 일부가 은유적이라고 주장했어요. 보통 사람이 오해 없이 이해할 만큼 성경이 명확하다는 생각, 즉 성경 문자주의는 18세기에만 사람들의 주목을 받았지요.

종교 경전의 윤리 계명을 해석하는 과정에서 던져 볼 질문들은 다음과 같아요. '계명이 선포될 당시 사회 배경은 어떠했는가?' '누구에게 준 계명인가?' '함께 만들어진 계명은 무엇인가?'

선택 하기

아우구스티누스는 플라톤의 영향을 매우 많이 받았어요. 두 사람 모두 이성을 덕을 갖추는 데 필요한 요소로 보았지요. 이성이 욕망과 감정을 제어하며 영혼을 책임져야 해요.

플라톤에 따르면, 이성이 책임질 때 우리는 보다 정신적인 존재가 돼요. 어두운 동굴에서 나와 마침내 영원한 선의 빛을 볼 수 있는 것과 같아요. 우리는 보다 신과 닮게 되고, 해야 할 올바른 일을 알게 되지요. 책을 읽으면 우리의 거룩한 본성을 깨닫는 데 도움이 돼요. 사실 그 본성은 우리 안에 있어요.

아우구스티누스는 사람을 본질적으로 죄인이라고 보았어요. 그는 사람들이 선과 진리로부터 차단되어 있으나, 성경과 믿음을 통해 신의 뜻을 알 수 있다고 믿었지요. 이성이 자신을 제어하도록 하면 신이 원하는 것을 할 만큼 자유로워지며, 성경을 해석하는 데 도움이 된다고 말이에요. 물론 이때 가장 중요한 덕목은 믿음이에요.

생각하기

- 사람들이 신앙을 가지면 보다 윤리적이 된다고 생각하나요? 왜 그런가요? 혹은 왜 그렇지 않은가요?
- 러시아 소설가 **표도르 도스토옙스키**의 "신이 없다면, 모든 것이 허용된다"라는 말에 대해 어떻게 생각하나요?
- 여러분은 이성을 통해 무엇이 옳고 그른지 알 수 있다고 생각하나요? 왜 그런가요? 혹은 왜 그렇지 않은가요?

행동에 **책임**을 져야 할까?

수많은 철학자들과 심지어 그보다 많은 과학자들은 천성을 하나의 커다란 기계라고 생각해요. 인간의 행동을 포함해 모든 일에는 원인이 있어요. 사람들은 뇌의 작동 방식, 부모로부터 받은 대우, 교육 방식 및 다양한 환경들의 영향을 받아 지금 그들이 하는 것처럼 행동하지요.

도덕적 선택을 어떻게 생각해야 할까요? 내가 제어할 수 없는 힘 때문에 어떤 행동을 했을 때, 내 모든 행동들에 대해 비난 혹은 칭찬을 받아야 할까요?

사람들의 행동이 자유로운 선택이 아닌 타고난 천성적 원인들에 의해 결정된다는 생각을 **결정론**이라고 해요.

누가 질문했을까?

1세기 고대 그리스의 **에픽테토스**는 스토아학파의 중요한 철학자였어요. 스토아학파에서는 우리 힘으로 할 수 있는 것과 없는 것을 강조했지요. 스토아학파 사람들은 인간이 자신의 환경을 제어할 수는 없지만, 환경에 대한 반응은 제어할 수 있다고 설교했어요.

에픽테토스는 운명이 우주를 제어하지만, 육체·감정·욕망으로부터 자기 자신을 분리함으로써 자유로울 수 있다고 생각했지요. 여러분 자신이 결정을 내리고 행동할 수 있는 유일한 의지이자 능력이에요. 그러므로 정신의 다른 부분들이 여러분을 의무로부터 멀어지게 하거나 불행하게 만들도록 해서는 안 돼요.

누가 대답했을까?

500년경 활동했던 로마 원로원 의원인 **보에티우스**는 같은 질문을 종교적 언어로 물었어요. "신이 우리가 선택할 모든 것을 이미 알고 있다면, 우리가 어떻게 자유롭게 선택할 수 있는가?" 신이 우리의 미래 선택들을 안다면, 이는 미래가 이미 결정돼 있으며 자유는 착각임에 틀림없다는 뜻이에요. 보에티우스는 신이 모든 것을 알지만, 어떻게든 우리를 자유롭게 할 수 있다고 자신의 질문에 답했지요.

토머스 홉스는 사람들의 행동이 천성과 교육의 결과인 성격에 의해 결정된다고 생각했던 결정론자였어요. 아무도 행동에 대해 정말로 책임이 있지는 않지만, 우리는 여전히 외적인 요인에 의한, 가령 머리에 겨누어진 총 때문에 하는 강요된 행동과 자발적인 행동을 구분할 수 있어요.

임마누엘 칸트는 도덕적 결정을 내리기 위해서는 우리가 마치 자유로운 것처럼 행동해야 한다고 주장했어요. 과학은 우리가 이미 결정돼 있다고 말할지라도 말이에요. 다시 말해 이미 결정돼 있는 것처럼 보이더라도 우리는 자신의 진짜 천성을 알 수 없고, 이런 무지 덕분에 우리가 자유롭다고 믿을 수 있는 여지가 생겨요.

윌리엄 제임스 또한 우리가 선택은 자유라고 믿는 쪽을 선택할 수 있다고 생각했어요. 이런 선택은 우리가 삶을 살아가는 데 도움이 되지요. 우리가 자유 의지를 가지고 있다고 믿는다면, 우리는 좀 더 나은 결정을 내릴 수 있을 거예요.

20세기 영국 철학자 **피터 프레더릭 스트로슨**은 사람들이 서로를 대하는 방식에서 칭찬과 비난이 중요하다고 주장했어요. 결정론이 맞는지 틀리는지는 중요하지 않으며, 우리는 여전히 사람들이 칭찬 혹은 비난을 받을 수 있는 책임을 가진 존재라고 생각해야 해요.

현실 세계

누군가 여러분을 다치게 한다면, 아마도 여러분은 그 이유가 궁금할 거예요. 단순 사고가 아니라 고의였다면, 이는 그 사람이 여러분을 해치려 했다는 뜻이지요. 혹 그 사람이 술에 취했거나 아픈 상태였다면, 여러분은 그들의 행동을 다르게 생각할 거예요.

결정론자들의 생각에 범죄자를 처벌하는 일은 사람을 문 개를 처벌하는 것과 비슷해요. 우리는 개를 잘 묶어 두거나 혹은 심지어 안락사시킬 수도 있지요. 그러나 그런 일은 처벌이 아니에요. 우리는 개가 도덕적인 선택을 할 수 있다고는 생각하지 않지요. 사람들 또한 비슷하다 생각하고 대하는 일이란 어떤 걸까요?

선택하기

스트로슨의 아들로 역시 철학자였던 **갤런 스트로슨**은 '오랫동안 유지돼 온 사회적 관습들이 우리가 서로를 도덕적으로 책임 있는 존재라고 생각하게 만든다'는 아버지의 주장에 동의하지 않았어요.

대신 갤런은 어느 누구도 도덕적으로 책임질 수 없다고 주장했지요. 왜 그렇게 주장했을까요? 사람들은 각자의 인격에 따라 선택을 하지만, 어느 누구도 자신의 인격을 선택할 수는 없어요. 물론 인격 수양에 도움될 만한 선택을 할 수는 있지요. 예를 들어 하루 종일 텔레비전만 보는 일과 보다 나은 사람이 되는 데 도움될 만한 책을 읽는 일 사이에서 선택할 수 있어요. 그러나 이런 선택 또한 인격의 결과일 거예요. 그러므로 자유 의지는 착각일 뿐이에요.

스트로슨 부자는 각자의 생각이 옳다고 믿었어요. 자연 세계의 원인과 결과로 우리의 삶이 결정되는지 여부는 고려할 필요가 없다고 말이에요. 그런 형이상학적 문제는 우리가 서로를 어떻게 대할지 결정하는 것과 상관없다고요.

생각하기

- 최근에 중요한 선택을 한 적이 있다면 한 번 생각해 보세요. 다른 선택을 할 수도 있었다고 생각하나요? 왜 그런가요? 왜 그렇지 않은가요?
- 사람들이 정말로 각자의 행동에 책임이 없다고 생각한다면, 여러분을 해치려 한 사람들에게 좀 더 관대할 수 있을 거예요. 여러분은 그런 용서가 좋다고 생각하나요? 왜 그런가요? 왜 그렇지 않은가요?

도덕의 기본 규칙은 무엇일까?

우리는 이미 진정한 도덕 규칙이 있는지 질문을 해 보았어요. 만약 도덕이 단순히 기호 또는 관습의 문제라면 모든 사람에게 적용되는 도덕 규칙은 있을 수 없어요. 도덕이란 현명한 사람이 선택한 것이거나 혹은 신이 명령한 것이라면, 여러분은 그냥 받아들이면 될 뿐 그 규칙을 이해할 필요도 없지요.

그러나 철학은 궁금해하고 의심하는 거예요. 우리는 주어진 규칙들이 왜 가장 좋은지 이해하기를 원해요. 우리는 주어진 규칙 뒤에 숨어 있는 이유, 즉 첫 번째 도덕 원칙을 찾고 있지요.

누가 질문했을까?

우리가 알고 있는 가장 오래된 문명 가운데 하나는 바빌로니아예요. 바빌로니아는 메소포타미아 지역에 있었으며, 페르시아 만으로부터 오늘날 바그다드에 이르는 곳까지 지배했지요. 함무라비 법전은 기원전 1750년경의 바빌로니아 법률서로 바빌로니아 왕인 **함무라비**가 만들었어요.

이 법전은 최초의 도덕 규칙 가운데 하나인 '눈에는 눈, 이에는 이'로 잘 알려져 있어요. 이 규칙은 탈리오 법칙, 즉 일종의 보복 원칙을 담고 있지요. 예를 들어 누군가 다른 사람의 눈을 뽑는 등의 나쁜 일을 했다면, 그 일을 저지른 사람도 같은 일을 당해야 해요.

이는 '네가 대접받고 싶은 대로 다른 사람을 대접하라'라는 황금률의 초기 형태예요. 사실상 세계에 널리 퍼진 모든 종교들에서 이와 비슷한 규칙들을 찾아볼 수 있어요.

기원전 400년에서 기원후 200년 사이 인도의 전설적인 성인 **브야사**가 쓴《바가바드 기타》에서는 또 다른 기본 도덕 규칙을 찾아볼 수 있어요. 경전에는 다음과 같은 대화가 나와요. 전투가 벌어지기 직전, 전사이자 왕자인 아르주나는 전쟁은 명확히 나쁘며, 관계된 모든 사람에게 해롭다고 주장했어요. 마부가 되어 그의 전차를 몰아준 신 크리슈나는 아르주나의 의무가 전쟁의 해로움보다 중요하다고 답했어요. 아르주나는 전사이고 이곳은 전장인 만큼 그의 개인적인 생각과는 별개로 아르주나는 그곳에서 그의 역할을 수행할 의무가 있다고 했지요. 여기에서 찾아볼 수 있는 근본적인 도덕 규칙은 개인의 의견에 앞서서 언제나 의무를 다해야 한다는 거예요.

누가 대답했을까?

제러미 벤담은 "대다수의 사람들에게 올바른 행동은 가장 큰 기쁨과 가장 작은 고통을 가져온다"고 주장했어요. 사람들은 이 주장을 공리주의라고 해요. 19세기 영국 공리주의자 **존 스튜어트 밀**은 "올바른 행동은 가장 큰 기쁨이 아니라 가장 큰 행복을 가져온다"며 벤담의 이론을 수정했어요. 밀은 모든 종류의 기쁨이 우리를 행복하게 만드는 것은 아니기 때문에 기쁨보다는 전반적인 행복이 더 나은 목표라고 생각했지요. 또한 정신적인 기쁨이 육체적인 기쁨보다 도덕적 관점에서 훨씬 중요하다고 봤어요.

20세기 영국 철학자 **버나드 윌리엄스**는 공리주의가 완전성 있는 삶을 사는 데 반하기 때문에 잘 맞지 않고 효과도 없다고 주장했어요. 여기서 '완전성'은 여러분 삶의 여러 요소들이 빈틈없이 조화를 이루고 있다는 뜻이에요. 여러분은 자신만의 성격, 책임, 계획 등을 가지고 있어요. 공리주의자라면 무엇이 올바른 일인지 고민할 때 일단 모든 것을 무시하고 매순간 대다수의 사람들에게 가장 큰 이득이 되는 일을 하라고 말할 거예요. 윌리엄스는 이런 공리주의적 삶의 방식이 어이없는 짓이라고 생각했지요.

임마누엘 칸트는 우리의 추론 능력으로 모든 상황에서 따라야 하는 절대적인 도덕 규칙들을 알 수 있다고 믿었어요. 여러분은 언제나 주어진 의무를 다해야 해요. 그리고 여러분은 다음과 같은 테스트를 통해 여러분의 의무가 무엇인지 알 수 있지요. 여러분이 무언가 한다고 생각할 때, 결과가 아니라 그 행동이 '모든 사람의 법'이 될 수 있는지 생각해 보세요. 예를 들어 여러분이 거짓말 하는 것을 생각한다면, 스스로 '모든 사람이 항상 거짓말을 하도록 허용돼도 괜찮은가?'라고 자문해 보세요. 아마도 괜찮지 않다고 답할 거예요. 모든 사람들이 거짓말을 한다면 언어는 필요 없을 테니까요.

칸트는 동일한 도덕 규칙을 알아내는 다른 방법으로 '사람을 이용해서는 안 된다'라는 기준을 제시했어요. 물론 우리는 언제나 다른 사람들로부터 이익을 얻어요. 예를 들어 여러분은 이 책을 읽으며 제게서 이익을 얻고 있지요. 그러나 누군가를 이용한다는 의미는 그들의 관심이나 허락 여부를 신경 쓰지 않고 이익을 얻는다는 뜻이에요. 누군가에게 거짓말을 한다면, 설사 그 거짓말이 무해하다고 여길지라도 여러분은 그 사람을 스스로 결정할 권리를 가진 사람으로서 인정하지 않고 이용하는 거예요.

20세기 초 영국 철학자 **조지 에드워드 무어**는 올바른 행동이 가장 선한 것을 이끌어 내리라 생각했어요. 그러나 기쁨·행복과 같은 용어로는 가장 선한 것이 무엇인지 설명할 수 없다고 주장했지요. 대신 그는 선이란 우리 모두가 직감적으로 알 수 있는 근본적인 것이라고 보았어요. 한 가지 기본 규칙으로는 우리가 선하다고 생각하는 모든 규칙들을 아우를 수 없어요.

현실 세계

도덕 이론을 평가할 때 고려할 실제적인 문제들 가운데 하나는 '동물을 어떻게 다루어야 하는가?'예요. 벤담은 동물 역시 고통과 기쁨을 느끼므로 동물의 이익 역시 중요하다고 생각했지요. 밀은 사람이 동물보다 깊은 슬픔과 기쁨을 느끼므로 사람의 이익이 동물의 이익보다 분명히 더 중요하다고 봤어요.

칸트는 우리를 도덕적으로 존경받을 만한 존재로 만드는 것은 이성적으로 생각하는 능력이며, 이런 능력이 없는 동물들은 도덕 관점에서 중요하지 않다고 생각했지요. 그러나 칸트는 동물을 잘 돌보는 일이 우리가 다른 사람들을 잘 대하도록 만들어 주는 좋은 습관이라고 여겼어요.

선택하기

칸트의 이론에 따르면 언제나 진실을 말해야 하지만, 칸트와 동시대에 살았던 **뱅자맹 콩스탕**은 '문 앞의 살인자'라는 예를 들어가며 반론을 제기했어요.

한 살인자가 여러분 집에 숨어 있는 누군가를 쫓고 있다고 가정해 보세요. 그 살인자는 초인종을 누르며, 자신이 찾는 사람이 집안에 있는지 물어 보았어요. 여러분이 칸트의 이론대로 정직하게 사실을 말한다면, 살인자는 집안으로 밀고 들어와 숨어 있는 사람을 죽일 거예요.

끔찍한 결과지만, 칸트는 도덕 규칙에 예외는 없다고 말했어요. 우리가 미래를 알지 못하는 만큼 규칙을 확실히 지키는 것이 언제나 더 좋지요. 칸트의 주장에 따르면 공리주의자는 '고의로 잘못을 저지른 것'과 '나쁜 일이 일어나도록 내버려둔 것' 사이의 중요한 차이점을 무시해요. 여러분은 자신의 행동을 제어할 수 있을 뿐 살인자의 행동을 제어할 수는 없어요. 만일 여러분이 거짓말하지 않고도 숨어 있는 사람을 도울 수 있다면 반드시 그렇게 해야 하고, 잘못된 일에 잘못된 방법으로 대응하는 일은 좋지 않다는 게 칸트의 생각이에요.

생각하기

- '네가 대접받고 싶은 대로 다른 사람을 대접하라'라는 원칙이 잘못된 행동을 하도록 만든 경우를 떠올릴 수 있나요?
- 여러분이라면 '문 앞의 살인자'와 같은 상황에서 어떻게 행동하겠어요?
- 동물들을 친절히 대해 주는 가장 큰 이유는 무엇일까요?

논리학

논거란 무엇일까?

철학자 혹은 그 밖에 누구든지 여러분에게
어떤 주장을 믿는 이유를 설명한다면, 그것이
바로 논리적 근거, 즉 논거예요. 논거는 분노에 찬
진술일 필요가 없어요. 때때로 논거는
철학 이론의 의미나 사람들이 그 이론을 믿는
이유에 대한 설명의 한 부분이에요.
이번 장에서 여러분은 논증에 성공하거나
실패하는 몇몇 방법들을 보게 될 거예요.
또한 철학자들이 논거를 평가하고 자신들의
논거를 더 탄탄하게 만들기 위해 사용해 왔던
몇 가지 용어와 기법들도 배울 거예요.

가장 **강력한 논거**는 무엇일까?

좋은 논거가 되려면 '참인 전제'와 '유효한 논거 형대'라는 두 가지 조건이 필요해요. 전제란, 출발점이자 여러분의 주장을 믿게 만들기 위해 제시하는 이유예요.

전제들이 올바른 방식으로 결론까지 이어져 있어야 유효한 논거 형태라고 할 수 있어요. 가장 강력한 논거는 전제들이 참이고, 결론이 논리적으로 참이어야 하는 경우지요. 전제들이 논리적으로 결론을 암시하는 논거 형태를 **연역적 논거**라고 해요.

누가 질문했을까?

아리스토텔레스는 사람들이 추론하는 방법을 기록하고 정리하여 **삼단 논법**이라는 매우 영향력 있는 사고 방법을 제시했어요. 삼단 논법은 두 개의 전제와 한 개의 결론으로 이루어진 논거로, 각각의 문장은 대상 혹은 대상 그룹에 대해 무언가를 말하지요. 예를 들어 다음과 같아요.

❶ 모든 개는 동물이다.

❷ 얼룩이는 개다.

❸ 그러므로 얼룩이는 동물이다.

삼단 논법에는 24가지 유효한 형태가 있으며, 아리스토텔레스는 다양한 유형을 나타내기 위해 대문자를 사용했어요. 가령 "모든 A는 B이다"는 "모든 동물들은 갈색이다"를 의미할 수 있지요.

누가 대답했을까?

기원전 3세기경 그리스 스토아학파 철학자 **크리시포스**는 논리에 대한 새로운 사고 방법을 창안했어요. 당시에는 이 방법이 별다른 관심을 받지 못했으나, 오늘날에는 대부분의 학생들이 논리 사고법 가운데 첫 번째로 배우는 유형이 됐지요. **문장 논리**라 불리는 이 방법에서는 각각의 대문자가 하나의 전체 문장을 나타내요. 덕분에 우리는 문장 사이의 논리 관계를 명확히 알 수 있어요.

예를 들어 대문자 P가 '낮이다'를 뜻하고 대문자 Q가 '밝다'를 뜻한다면, 우리는 'P이면 Q이다'라고 진술하는 방식으로 '낮이면 밝다'라고 할 수 있어요.

이런 문장들은 스토아학파의 삼단 논법으로 합칠 수 있어요. **전건 긍정식**이라 불리는 단순한 형태로 말이에요.

❶ P이면 Q이다. (낮이면 밝다.)

❷ P이다. (낮이다.)

❸ 그러므로 Q이다. (그러므로 밝다.)

19세기 후반, **고틀로프 프레게**는 **술어 논리**를 개발했어요. 술어는 '~은 개이다' '~은 갈색이다' '~은 달리고 있다' 등의 표현이에요. 우리는 'Rs'로 '소크라테스가 달리고 있다'라고 말할 수 있지요.

프레게의 가장 큰 혁신은 '모든'을 나타내는 '∀'와 '일부'를 나타내는 '∃' 등 **정량자**를 사용했다는 거예요. 이런 정량자에는 어떤 것이든 나타낼 수 있는 변수가 따라와요. 소크라테스에 대해 's'대신 변수 'x'를 사용할 수 있어요.

다음은 설명과 함께 쓴 술어 논리 삼단 논법이에요.

❶ $\forall x(Dx \Rightarrow \forall x)$ 모든 개는 동물이다.

❷ $\exists x(Dx \,\&\, Hx)$ 일부 개들은 배가 고프다.

❸ 그러므로 $\exists x(Hx \,\&\, Ax)$ 일부 배고픈 것들은 동물이다.

현실 세계

좋은 논거가 되기 위해서는 유효한 논거 형태에 더하여 참이거나 상대방이 동의할 만한 전제가 있어야 한다는 사실을 잊지 마세요. 여러분이 사용하는 전제 가운데 하나 혹은 그 이상이 논거를 필요로 하는 경우도 종종 있을 거예요.

여러분에게 "철학은 시간 낭비야"라는 주장을 설득시키기 위해 "철학을 공부해서는 높은 연봉을 받는 직업을 얻을 수 없다"라고 주장할 수도 있어요. 이때 명시적으로 언급되지 않은 전제는 '돈을 많이 벌지 못하는 일은 무엇이든 시간 낭비이다'라는 거예요. 여러분이 이런 전제에 동의하지 않는다면, 나는 이 전제에 대해서도 근거를 댈 필요가 있지요.

선택하기

논리의 중요한 요소 가운데 하나는 '부정'이에요. 부정은 몇몇 문장들이 사실이 아니라는 뜻으로 기호 '¬'을 사용해 나타내지요.

문장 논리에서 P가 '개는 동물이다'를 뜻한다면, ¬P는 '개가 동물이라는 것은 참이 아니다'라는 뜻이에요.

그런데 '¬P'가 '개는 동물이 아니다'라는 뜻을 나타내는 것은 아닐까요? 네, 아니에요. 문장 논리에서 P와 같은 글자는 문장 전체를 나타내고, 결과적으로 부정(¬)의 대상은 문장 전체이기 때문이에요.

이와는 달리 아리스토텔레스학파의 논리 혹은 술어 논리에서는 문장의 일부만 부정할 수도 있어요. 예를 들어 '모든 A는 B이다'를 일부만 부정해 '0개의 A가 B이다' 혹은 '모든 A는 B가 아니다'로 바꿀 수 있어요.

'0마리의 개가 동물이다'와 '모든 개는 동물이 아니다'는 뜻이 같아요. 그런데 '모든 재채기는 파란색이다'를 부정하는 방법을 생각해 보세요. '0개의 재채기가 파란색이다'는 재채기에 색이 있을 리 없으니 참이에요. 그러나 '모든 재채기는 파란색이 아니다'에는 재채기가 파란색이 아닌 다른 색일 수 있다는 뜻이 내포돼 있지요. 절대로 그럴 수 없는데 말이에요.

생각하기

- 121쪽에 나온 전건 긍정식을 기억해 보세요. 그리고 아래의 후건 부정식을 이해해 보세요.

  ❶ P이면 Q이다. ❷ Q가 아니다. ❸ 그러므로 결론은 무엇일까?

- '문장'을 부정하는 것, '문장이 참이 아니다'라고 주장하는 것, '문장의 반대'를 주장하는 것. 이 세 가지 사이에는 어떤 차이가 있을까요?

논거가 **틀릴** 수 있는 경우에는 무엇이 있을까?

기준이 되는 논기 형태와 기호를 만드는 이유는 논거가 틀린 형태로 구성됐음을 쉽게 보여 줄 수 있기 때문이에요. 모든 좋은 논거 형태에는 형식적 오류라고 부르는 잘못된 버전이 적어도 하나는 존재해요. 아래 예를 보세요. 어떤 오류가 있나요?

❶ 모든 개는 동물이다.

❷ 가필드는 동물이다.

❸ 그러므로 가필드는 개이다.

여러분이 정말로 조심해야 할 교묘한 오류로 비형식적 오류가 있어요. 이런 비형식적 오류는 여러분이 자신의 주장을 형식적인 논거 형태에 맞추려 할 때 발생할 수 있지요.

누가 질문했을까?

고대 그리스의 플라톤은 논쟁 상대로 소피스트를 가장 좋아했어요. 소피스트는 돈을 받고 웅변과 토론 기술을 가르치는 사람들이었어요. 그들은 소송에서 어느 쪽이든 한쪽 편을 맡아 변호사처럼 변론할 수도 있었어요. 오직 자신이 참이라고 믿는 바를 위해서만 논쟁할 수 있다고 여겼던 플라톤은 소피스트의 이런 모습을 싫어했지요.

아리스토텔레스는《궤변적인 논리》라는 제목의 책을 썼어요. 그 책에는 소피스트들이 거짓되고 잘못된 주장을 그럴듯하게 만들기 위해 교묘히 말을 비트는 13가지 방법들이 나와요. 물론 우리도 자주 그런 실수를 해요. 13가지 방법 가운데 몇몇은 논쟁하는 사람들이 서로를 이해하지 못하는 경우를 보여 줘요.

누가 대답했을까?

아리스토텔레스가 언급한 비형식적 오류들 가운데는 '언어의 모호함'

과 '선결 문제 요구의 오류'가 포함돼 있어요.

언어의 모호함이란 한 단어가 두 가지 뜻을 가진다는 뜻이에요. 예를 들어 볼게요.

❶ 나는 담배를 피울 권한(right)을 갖고 있다.

❷ 그러므로 내가 담배를 피우는 일은 올바른(right) 일이다.

영어 단어 'right'에는 '권한'과 '올바른'이라는 서로 다른 두 가지 뜻이 있으므로 결론이 나질 않아요.

선결 문제 요구의 오류는 여러분이 가정한 전제 가운데 하나의 참/거짓 여부가 결론의 참/거짓 여부에 달려 있을 때 일어나요. '이 책의 모든 내용은 참이다. 나는 그 책이 그렇게 이야기하고 있다는 것을 안다'와 같은 경우에, 이는 논쟁하고자 하는 대상이 이미 맞는다고 가정하고 있어요.

16세기 신학자 **마르틴 루터**는 어떤 이가 취하고 있지 않은 입장에 반대 주장을 제기하는 상황을 나타내기 위해 '허수아비'라는 단어를 만들었어요. 루터에 반대하는 사람들은 그가 성찬식에 반대한다고 주장했지요. 그러나 사실 루터가 비판했던 여러 가지 교회 관습 가운데 성찬식은 없었어요.

존 로크가 다루었던 한 가지 오류는 **인신공격의 오류**예요. 상대방의 논거에 대응하는 대신 단순히 그 논거를 제시한 사람만 비난한다는 뜻이에요. 이런 오류를 범한다면 이는 사실상 상대방의 논거를 전혀 생각하지 않는다는 뜻이지요. 매우 문제가 많은 사람이더라도 강력한 논거를 만들 수 있답니다.

로크가 다루었던 또 다른 오류는 '권위 호소 오류'예요. 이 오류에 빠진 사람은 누군가가 어떤 것이 참이라고 말했기 때문에 그것은 분명히 참이라고 주장하지요. 사실 우리는 종종 전문가의 말을 의심 없이 믿어요. 하지만 전문가 역시 틀릴 수 있어요. 특히 철학에서는 유명한 철학가나 책들이 어떤 견해가 옳다고 주장했기 때문에 그 견해가 옳다고 결론 내릴 수 없어요.

현실 세계

정치판은 허수아비 논거와 인신공격 논거로 가득 차 있어요. 누군가 엄격한 이민법이 필요하다고 주장하면 상대방은 그 정치가를 인종차별주의자라고 불러요. 제안된 이민법을 비판하는 대신 그 법을 제안한 사람을 비판하는 거예요. 그런 식의 비판 대신 제안된 이민법을 정확히 분석해 법이 필요 이상으로 가혹하다고 주장해야 해요.

정부가 새로운 서비스를 국민에게 제공해야 한다는 제안이 나온다면, 상대 정치가들은 흔히 제안자를 '사회주의자'라고 윽박지르고 새로운 제안 때문에 나라가 독재 국가가 될 거라고 불평을 늘어놓아요. 이는 허수아비 논거예요. 상대 정치가들은 실제로 제안된 정책과는 다른 것들을 놓고 논쟁하려 하지요.

선택하기

허수아비 논거 오류와 인신공격 논거 오류를 함께 저지르는 것을 **미끄러운 경사면 오류**라고 해요. 기원전 50년경 로마 원로원 의원인 키케로가 정의한 오류로, 어떤 행동을 허락하면 더 나쁜 행동들을 뒤이어 저지를 것이라고 주장하는 거예요.

예를 들어 여러분은 아이들이 욕하는 것을 허락해야 할까요? 누군가는 “아이들에게 욕하는 것을 허락한다면, 아이들은 선생님에게 말대꾸를 할 거예요. 그리고 얼마 지나지 않아 법을 어길 거예요. 그러므로 아이들이 욕하는 것을 금지해야 해요”라고 주장할 수도 있어요. 앞의 주장을 논리적으로 생각해 보면 욕설을 하지 않는다고 말대꾸를 하지 않거나 법을 어기지 않는다고 결론 내릴 수 없다는 걸 알 수 있죠.

그런데 몇몇 철학자들은 미끄러운 경사면 논거가 항상 오류로 이어지지는 않는다고 생각해요. 앞의 주장에는 욕설이 무례를 암시한다는 전제가 숨어 있어요. 이 전제가 맞는다면, 욕설을 허락해 아이들이 무례한 태도를 가지게 만들면 아이들이 여러 가지로 무례하게 되리라는 것은 사실 참일 수도 있지요.

생각하기

- 일부 철학자들은 자연 법칙(law)이 정말로 신의 법(law)이라고 주장해요. 이 주장은 같은 영어 단어 'law'를 사용한 언어의 모호함 오류일까요?
- 여러분은 인신공격의 오류에서 나왔던 방식으로 누군가의 의견을 무시한 적이 있나요?
- 실제로는 좋은 미끄러운 경사면 논거를 떠올릴 수 있나요? 생각해 보세요.

논리가 **과학**에 도움이 될까?

초창기 과학자들은 과학적인 방법론을 따르면 언제나 올바른 결과를 얻을 수 있으리라 생각했어요. 그러나 실제로 과학에서는 연역적인 논거를 쓸 수 없어요. 내가 몇 가지 특별한 실험 결과를 관찰했다고 해서, 그 결과를 과학 이론에 대한 연역적 논거의 전제로 쓸 수는 없지요.

과학에서는 연역법 대신 귀납법을 사용해요. 귀납법에서는 결론이 참일 확률을 높여 주는 증거를 모으지요. 여러분은 내일 해가 뜰 거라고 생각해요. 그렇죠? 그런데 왜 그렇게 생각하나요? 언제나 해가 떴기 때문이에요. 이런 사실이 내일 다시 해가 뜨는 것을 보장해 주지는 않아요. 그러나 해가 뜨는 것을 여러 차례 관찰해 왔다면, 내일 해가 뜰 것이라는 결론은 합리적이지요.

누가 질문했을까?

고대 인도 철학자들은 그리스와 별개로 논리를 발명했어요. 인도에서 논리는 세상에 대한 지식을 얻는 데 유용하도록 인식론의 한 부분으로 만들어졌지요. 아크샤파다 고타마의 니야야 경전에 나오는 지식 습득 방법들 가운데 하나는 연기를 보고 불이 난 것을 아는 것과 같은 추론이에요.

연역적 논거로 기술되었지만, 이는 전건 긍정식이에요.

❶ 연기가 날 때마다 불이 났다.
❷ 연기가 난다.
❸ 그러므로 불이 난 것이다.

위 논거에서 우리는 과거 불이 난 경우들을 관찰해 얻은 첫 번째 전제가 참인지 혹은 거짓인지 확인할 필요가 있어요.

누가 대답했을까?

500년경 불교 논리학자인 **디그나가**는 니야야 경전에 나오는 형태로 논거들을 분석해 보았어요. 여기서 결론은 맨 처음에 나와요.

❶ 언덕에 불이 났다. (증명하고자 하는 결론)

❷ 언덕에서 연기가 나기 때문에… ('증명자'라고 부르는 전제)

❸ 연기가 나는 모든 것에는 불이 났다. (귀납적 일반화)

❹ 불이 타오르는 난로와 같이… (뒷받침하는 예)

위 예에는 두 개의 논거가 있어요. ❷와 ❸은 ❶에 대한 연역적 논거의 전제들이에요. 그리고 귀납적 논거도 있어요. ❹의 예는 ❸의 일반화를 뒷받침하지요.

디그나가는 좋은 증명자(위의 경우에서 연기)가 어떤 것인지 기술했어요. 우리는 난로의 연기와 같이 결론에 예외 없이 딱 들어맞는 증명자를 원해요. 여기서 예외란 콘서트 무대에서 불 없이도 연기를 내뿜는 연기 생성기 같은 것을 말하지요.

존 스튜어트 밀은 과학 탐구를 위해 귀납법을 사용하는 방법들을 분류했어요. 예를 들어 '일치법'에서는 서로 다른 사례들에서 원인이 되는 공통 요소를 찾아야 해요. 여러분 가족 가운데 일부가 메스꺼움을 느낀다면 여러분은 그들 모두가 같은 음식을 먹었는지 생각해 볼 거예요.

데이비드 흄은 귀납법을 인식론적 문제로 보았어요. 우리가 본 것이 우리가 보지 않은 것을 어떻게 확인해 줄 수 있을까요? 우리는 단지 자연에는 모순이 없다는 가정 하에서 추측을 하고 있지만, 사실 그 가정은 확인되지 않았지요.

현실 세계

오늘날 수많은 귀납적 논거에서는 수학 통계를 사용해 결론을 뒷받침해요. 신약의 안정성 여부 혹은 정치적 견해에 대한 대다수 사람들의 지지 여부를 결정하고자 한다면, 모든 사람들을 대상으로 일일이 시험하거나 조사하는 대신 표본을 이용하지요.

통계학자들은 표본을 이용해 오류가 날 가능성이 어느 정도인지를 구하는 공식을 개발했어요. 신약이 표본으로서 검사받은 사람들에게만 안전하다거나, 임의로 뽑은 응답자들 모두가 특이한 정치적 의견을 가졌을 수도 있지만, 올바르게 통계를 낸다면 그럴 가능성은 거의 없어요.

선택하기

1950년경, 독일 출신의 미국 철학자 **루돌프 카르나프**는 베이즈 정리에 기반을 둔 귀납적 논리 시스템을 개발하고자 했어요. 베이즈 정리란, 몇 가지 증거 데이터를 사용해 특정 사건의 발생 확률을 계산하는 공식이에요.

예를 들어 여러분은 연기가 솟아오르는 것을 보고 고기를 굽고 있는 것이 아니라 위험한 화재가 발생한 것은 아닌지 궁금해할 수 있어요. 그럴 경우 여러분은 위험한 화재로 연기가 솟아오를 확률뿐만 아니라 위험한 화재가 얼마나 드물게 발생하는지와 고기 굽는 일이 얼마나 자주 발생하는지도 고려해야 하지요.

문제는 베이즈의 이론이 우리에게 다른 확률에 근거한 확률 값을 제시할 뿐 확률의 철학적 문제를 해결해 주지는 않는다는 거예요. 여기서 철학적 문제란 본질적으로 흄이 귀납법에 대해 가졌던 의문과 같은 문제예요. 위험한 화재가 얼마나 자주 일어나는지 어떻게 알 수 있을까요? 어쩌면 지구 온난화로 세상이 바뀌며 과거보다 훨씬 자주 화재가 발생할 수도 있죠.

생각하기

- '모든 백조는 흰색이다'는 귀납적 일반화예요. 여러분이 흰색 백조를 아무리 많이 보았다 해도 어느 날 검은색 백조를 발견할 가능성은 여전히 있지요. 그렇다면 '모든 개는 동물이다' 또한 귀납적 일반화일까요?
- 오류가 있는 것처럼 보이는 논거들이 사실상 타당한 귀납적 논거인 경우가 있을까요? 그런 예를 생각해 볼 수 있을까요?

논리가 **윤리학**에 도움이 될까?

좋은 논거를 만들기 위해서는 서로 다른 종류의 주장을 이해하는 일이 필요해요. 예를 들어 과거와 미래에 대한 진술은 서로 달라서 '나는 지금 독서 중이다'가 '나는 독서 중일 것이다'의 의미까지 담고 있지는 않아요.

어떤 일이 현재 이러하므로 미래에도 이러해야 한다고 결론 내린다면, 그 결론은 잘못된 거예요. 예를 들어 '나는 아이스크림을 먹는다. 그러므로 나는 아이스크림을 반드시 먹어야 한다'와 같아요.

둘 사이의 차이를 이해하려면 사실과 가치를 구분할 수 있어야 해요. '나는 아이스크림을 먹는다'는 사실이지만, '나는 ~을 반드시 해야 한다'라는 말이나 '아이스크림을 먹는 일은 좋다'라는 말은 가치를 표현하지요.

누가 질문했을까?

데이비드 흄은 사실과 가치 사이의, 혹은 서술 주장과 규범 주장 사이의 논리적 차이를 지적하며 과거 윤리학에 도전했어요. **규범**이라는 단어를 생각해 보면, 가치 주장은 우리가 당연한 행동이라고 생각하는 것과 관련 있지요. 규범은 사회 혹은 문화가 거기에 속한 사람들에게 기대하는 기준이에요.

흄은 서술적 전제들만으로는 규범 주장을 증명할 수 없다고 주장했어요. 예를 들어 공리주의자들은 어떤 행동이 다른 행동보다 더 많은 행복을 가져올 것 같다는 사실이 그런 행동을 수행하는 이유라고 생각하지요. 흄은 이를 잘못된 추론이라고 불렀어요.

누가 대답했을까?

흄은 윤리 문제와 관련된 논거에는 규범 전제가 적어도 한 개는 있어야 하며, 그 전제는 논쟁의 여지가 없을 만큼 기본적이어야 한다고 주장했어요. 만약 규범 전제를 놓고 논쟁해야 한다면 그 전제에 대한 논거에는 보다 기본적인 규범 전제가 필요하지요.

흄과 같은 시대에 스코틀랜드 출신의 **애덤 스미스**는 도덕의 기본으로 '도덕적 느낌'을 지목했지요. 그에 따르면 우리는 이미 도덕적 느낌을 느끼고 있으므로 어떤 것이 옳고 어떤 것이 그른지에 대한 논거는 필요 없어요.

칸트 역시 윤리 법칙이 인간에 내재돼 있다고 주장했어요. 그는 그 윤리 법칙이 이성으로부터 나온다고 말했지요. 공리주의자들은 공리의 원칙이 그것에 대해 생각하는 모든 사람들에게 자명하다고 주장했어요. 아리스토텔레스는 인간의 본성에 도덕적 우수성의 기준이 내재돼 있다고 생각했지요.

20세기 프랑스 철학자 **장 폴 사르트르**는 흄을 무척 진지하게 받아들였어요. 그는 우리 모두가 근본적으로 자유로우며, 인간 본성에 안내서나 청사진 따위는 없다고 생각했지요. 또한 선은 인간 본성에 의해 결정되는 것이 아니며, 우리 내면에 도덕적 목표가 내재된 것도 아니라고 봤어요. 대신 사람들 각자는 자신의 가치를 결정할 책임을 지녔고요.

현실 세계

우리는 살면서 근본적인 가치를 대개 당연한 것으로 생각해요. 도둑질을 할까 고민한다고 가정해 보면, 내가 도둑질을 하다가 혹시 누군가를 다치게 하지 않을까 생각할 수도 있어요. 혹은 도둑으로 살면 행복할 수 있을까 고민할 수도 있지요. 이때는 단지 생각만 한 것이므로 누군가를 다치게 하는 일이 일반적으로 나쁜지 혹은 그렇지 않은지를 생각하지는 않을 거예요.

흄은 단순히 상해와 행복에 대한 여러 사실들을 펼쳐 놓는 것만으로는 도덕적인 감각이나 직관이 전혀 없는 사람을 도덕적인 사람이 되도록 설득할 수 없다고 주장했어요. 만약 여러분이 인간의 도덕적 사고를 모방하도록 컴퓨터를 프로그래밍 하고자 한다면, 단순히 사실만 입력해서는 안 되고 '인간의 생명을 보호하라'와 같은 명령도 입력해야 할 거예요.

선택 하기

아리스토텔레스의 윤리학을 근대화한 알래스데어 매킨타이어는 지나치게 변덕스럽다는 이유로 사르트르의 실존주의를 좋아하지 않았어요. 실존주의는 아리스토텔레스의 본질주의와는 반대였어요. 본질주의에서는 자신이 어떤 인간이고 선이 무엇인지 결정하는 본질을 인간이 갖고 있다고 생각해요. 우리가 개인으로서 태어나기 이전에 인간의 본성이 이미 정해져 있다는 것이지요.

실존주의자는 '그렇지 않다'고 주장하며 이 공식을 바꾸었어요. 본질이 먼저 온 다음 개인이라는 존재가 온 것이 아니라, 반대로 먼저 개인으로서 존재한다고 봤어요. 그리고 '어떤 존재가 되고 싶은가'라는 본질을 계발하는 것은 개개인의 책임이자 자유라고 주장했어요.

그렇다고 이것이 가치에 대한 선택이 일시적인 생각에 따라 변덕스럽게 바뀔 수 있다는 뜻은 아니에요. 사르트르는 이런 선택의 자유를 책임감이라는 무거운 짐으로 보았으며 신중하게 고려하고 행동해야 한다고 생각했지요.

생각하기

- 도둑질이 나쁘다는 주장을 만들어 보세요. 주장에서 사용한 모든 전제들이 서술적인가요? 아니면 규범적인 전제가 들어 있나요?
- 여러분이 공리의 원칙을 전제로서 받아들이고 도둑질과 같은 특정한 행동이 틀렸다고 주장한다면, 여러분의 주장은 연역적인가요, 귀납적인가요?

논리로 그 밖의 무엇을 할 수 있을까?

논리를 사용해 사고의 구조를 분석해요. 여러 사고들은 서로 어떤 연관 관계에 있을까요? 논리는 종종 규범적인데, 이는 논리를 통해 올바르게 생각하는 방법을 탐색한다는 뜻이에요. 몇몇 철학자들은 모호함과 오류의 위험성으로 가득 차 있는 우리의 일상 언어를 논리적으로 보다 완벽한 언어로 바꿀 수 있다고 제안했지요!

대개 규범적인 동기가 있기는 하지만, 철학자들이 다른 유형의 철학 언어들이 어떻게 작동하는지 이해하려 할 때처럼 논리는 서술적일 수 있어요. 우리는 개선이 필요한지 결정하기 위해 현재 어떻게 생각하는지 살펴보려 해요.

누가 질문했을까?

아리스토텔레스와 같은 사상가들과 니야야 학파에서는 추론 방법을 명확히 설명하고 추론이 잘됐는지 확인하기 위해 논리를 인식론의 한 부분으로 사용했어요.

다른 사상가들은 좀 더 나은 삶을 살기 위한 노력의 일환으로 논리를 이용했지요. 예를 들어, 스토아학파 철학자 크리시포스는 행복한 삶에 방해가 되는 비이성적인 생각을 없애기 위해 논리를 사용했어요.

이는 피론·나가르주나와 같이 단지 반대자들의 의견에 이의를 제기하기 위해 논리를 사용한 회의론자들과 비슷해요. 그들은 반대자의 생각과 견해가 불필요한 고민만 만든다고 생각했지요.

특별히 다른 사람의 주장을 반박하려 할 때, 귀류법이라는 기술을 종종 사용해요. 귀류법은 모순으로 이끈다는 뜻이에요. 다음에 나오는 귀류법에 대한 설명을 보세요. 먼저 반대자들의 견해를 전제들로 나열하고, 그 전제들에 모순이 있다는 것을 보이세요. 예를 들어, '악의 문제'를 고려해 보세요.

1. 신이 존재한다.
2. 신은 전능하다. 그러므로 악을 막을 수 있다.
3. 신은 선하다. 그러므로 악을 막으려 할 것이다.

❹ 악이 존재한다.

❺ 우리는 ❶ ~ ❸으로부터 신이 악을 막아 왔으므로 악이 존재하지 않는다고 추론할 수 있다.

❻ 우리는 ❹로부터 악이 존재한다고 결론 내릴 수 있다. ❺로부터는 악이 존재하지 않는다고 결론 내릴 수 있다. 이는 모순이다!

귀류법은 반대자들의 전제 가운데 적어도 하나에 오류가 있어야 한다는 것을 보여 주지요.

누가 대답했을까?

20세기 많은 철학자들은 각기 다른 영역의 철학에 논리를 적용하려 고틀로프 프레게의 술어 논리를 이용했어요.

20세기 초 영국 철학자 **앨프리드 화이트헤드**와 **버트런드 러셀**은 기호 논리학을 사용해 수학에 대한 토대를 만들고자 했어요. 두 사람은 1+1=2라는 것을 증명하기 위해 300쪽이 넘는 문서를 작성했지요. 결국 성공하지 못했는데, 1+1이 2가 아니어서가 아니라 1930년 **쿠르트 프리드리히 괴델**이 논리 시스템으로 모든 산술 연산의 참과 거짓을 증명할 수는 없다는 것을 증명했기 때문이에요. 그럼에도 불구하고 오늘날 많은 철학자들은 여전히 논리와 수학 사이의 관계를 연구하고 있어요.

프레게는 술어 논리에서 변수와 정량자를 소개했어요(예: 모든 x는 특정 성질을 가졌다). 이 두 가지는 철학자들로 하여금 새로운 기호를 만들어 양상 문장의 논리를 표현하도록 자극했지요. 참고로 양상 문장은 존재의 다른 양상을 표현하는 문장이에요.

예를 들어 '개는 동물이다'는 보통 문장이에요. 그러나 '개는 반드시 동물이어야 한다'는 대상이 어떠해야 하는지에 대한 양상 주장이에요. 반면에 '개는 아마도 동물일 것이다'는 대상이 될 수 있는 방식을 나타내지요.

1930년대 초 미국 철학자 **클래런스 루이스**는 우리가 양상 개념들에 대해 어떻게 생각하는지 포착하는 논리를 고안했어요. 문장 '□p'는 '개는 반드시 동물이어야 한다'를 뜻해요. 반면에 문장 '◇p'는 '개는 아마도 동물일 것이다'를 뜻하지요. 루이스는 이처럼 개념에 대한 다양한 생각을 표현하는 필수성(□)과 가능성(◇)에 대한 다섯 가지 공리 체계를 고안했어요.

공리는 시스템의 기본 규칙으로 그 시스템에서 참일 다른 문장들을 추론하기 위해 사용되지요. 필수성에 대한 한 공리 '□p⇒p'는 '문장 p가 참이어야 한다면, 같은 문장 p는 사실상 참이다'라는 뜻이에요. '¬(p⇒□p)'는 '단지 p가 참이기 때문에 p가 참이어야 하는 것은 아니다'라는 뜻이지요. '단지 내가 신발을 신고 있기 때문에 내가 신발을 신어야만 하는 것은 아니다'라는 예를 들 수 있어요.

1951년 핀란드 철학자 **게오르크 헨리크 폰 브리크트**는 양상 의무의 논리를 포착하기 위해 양상 기호를 사용했어요. 그는 '필수성'과 '가능성' 대신, '의무적인' '허용되는' '금지된' 이라는 핵심 용어를 사용했지요.

1950년대 뉴질랜드에서 태어난 논리학자 **아서 프라이어**는 '~한 경우일 것이다' '~한 경우였다' '항상 ~였다'와 같은 표현이 특징인 시간의 논리학을 개발했어요.

현실 세계

논리는 우리로 하여금 형이상학적 가능성, 도덕적 의무, 과거와 미래의 논리 등 복잡한 문제들을 잘 이해할 수 있게 해 줄 뿐만 아니라 컴퓨터가 인간처럼 생각하도록 프로그래밍 하는 일에도 사용돼요.

예를 들어 컴퓨터가 이야기를 이해하도록 만들려 한다고 상상해 보세요. 복잡하고 혼란스러운 이야기 속에는 사건들 사이에 온갖 종류의 관계들이 있지요. 철학자들은 컴퓨터 과학자들이 다양한 사고방식을 어떻게 알고리즘으로 가장 잘 구현할지 이해하도록 도울 수 있어요. 참고로 알고리즘은 컴퓨터가 수행할 '순서화된 명령어 집합'이에요.

선택하기

폰 브리크트의 도덕 논리학에는 'Oa⇒Pa'와 같은 기본 공리가 있어요. 이 공리는 '어느 행동이 의무적이라면, 그 행동은 허용되어야 한다'라는 뜻이에요. 내가 '사람들을 돕는 것은 우리 모두에게 도덕적으로 요구되는 일이다'라고 말한다면, 나는 '사람들을 돕는 것은 우리에게 허용된 일이다'라고 말하는 것을 약속하는 거예요.

그러나 이런 명백한 공리조차도 의심스러워요. 기원전 5세기 그리스 극작가 **소포클레스**는 서로 충돌하는 도덕적 의무를 가진 일을《안티고네》라는 비극적인 작품으로 표현했어요. 이 작품의 주인공 안티고네는 나라에 반역해 싸우다가 죽은 오빠의 장례를 치러야 했지요. 반면 나라에서는 그의 장례 치르는 일을 금지했어요. 안티고네가 지켜야 하는 두 가지 도덕적 의무는 서로 상충되었으며, 두 가지 모두 구속력이 있었지요. 이는 '해야 한다'가 '할 수 있다'를 뜻하지 않는 비극적인 윤리 유형이에요.

생각하기

- 루이스의 다섯 가지 공리 시스템 가운데 하나를 구성하는 양상 공리 '$\Box p \Rightarrow \Box\Diamond p$'를 해석하고 생각해 보세요.
- 컴퓨터가 사람처럼 생각하도록 학습하는 일에 양상 논리를 사용하는 또 다른 경우를 생각할 수 있나요?
- 여러분은 논리 기호가 도움이 된다고 생각하나요? 아니면 혼란스럽기만 한가요?

미학

좋은 예술이란 무엇일까?

'미학'이라는 뜻의 영어 단어 'aesthetics'는 '감각에 의한 인지'라는 뜻의 그리스어 'aisthetikos'에서 유래했어요. 대부분의 철학자들에게 미학은 아름다움에 대한 연구를 뜻하지요. 몇몇 철학자들은 아름다움을 이해하기 위해서는 감각뿐만 아니라 정신의 영역에서 아름다움을 다루어야 한다고 주장해요.

최근 일부 철학자들은 특별히 아름다움에만 초점을 맞추는 것에 반대해요. 아름다움을 추구하지 않는 예술품들도 많기 때문이지요. 이에 우리는 '미학' 대신 '예술 철학'이라는 용어를 사용할 수도 있어요.

아름다움은 무엇일까?

색, 소리, 움직임의 특정한 배열은 왜 우리에게 즐거움을 줄까요? 무슨 이유로 몇몇 사람들의 얼굴이 더 매력적으로 보이고, 몇몇 풍경은 정말로 감동적이며, 몇몇 그림은 발걸음을 멈추고 바라보게 되는 걸까요?

예술품을 만드는 일은 선사시대의 원시 동굴벽화까지 거슬러 올라가지만, 아름다움을 철학적으로 다루게 된 것은 훨씬 최근의 일이에요. **미학**이라는 용어도 18세기 독일 철학자 **알렉산더 바움가르텐**이 처음 사용한 이후 쓰였지요. 그러나 미학에 관한 개념과 인식 가운데 일부는 훨씬 오래전에 나왔어요.

누가 질문했을까?

기원전 6세기 그리스 철학자 **피타고라스**는 수학자로 알려져 있어요. 아마 여러분도 피타고라스의 정리를 들어 봤을 거예요. 피타고라스는 수학뿐만 아니라 음악의 화음도 연구했어요. 그와 그의 제자들은 음의 높낮이가 서로 수학적인 관계를 가지고 있어서 피리의 길이, 수금 현의 장력, 항아리에 담긴 물의 양 혹은 다른 방식으로 음표 사이의 아름다운 간격을 만들 수 있다는 사실을 이해했지요.

피타고라스학파의 사람들은 아름다움의 비밀이 이런 수학적 관계에 있다고 생각했어요. 우리는 분명 조화롭게 구성된 것들에 끌리지요.

누가 대답했을까?

피타고라스는 플라톤에게 영향을 끼쳤어요. 감각을 의심했던 플라톤은 아름다움에 매력을 느끼는 것은 선의 신성한 형태에 매력을 느끼는 것과 같다고 생각했지요. 조화로운 화음을 듣거나 정교하게 조각된 조각상을 감상할 때처럼 감각을 통해 아름다움을 먼저 인식할지라도, 결국 아름다움은 이성으로만 이해할 수 있어요. 대칭과 조화를 인지하면 우리가 인식할 수 있는 세상에는 너무 완벽해 나타날 수 없는 대칭과 조화를 떠올리도록 영감을 얻을 수 있지요.

플라톤은 참된 아름다움과 단순한 매력을 구분해야 하며, 아름다움에 대한 얄팍한 경험이 위험할 수 있다고 봤어요. 마치 건강에 좋은 음식과 맛은 있지만 영양가 없는 음식의 차이와 같다고 할 수 있지요.

18세기 독일 철학자 **크리스티안 볼프**는 아름다움을 하나의 대상을 구성하는 여러 부분들의 조화로운 관계로 정의했어요. 예를 들어 기계식 시계는 정확한 시간을 보여 주기 위해 서로 완전하게 잘 맞물리는 톱니 모양의 기어들로 이루어져 있지요. 볼프는 플라톤과 마찬가지로 아름다움을 진리를 이해하는 데서 얻을 수 있는 즐거움과 연결했어요. 그의 생각에 훌륭한 그림은 그림 속 대상을 정확하게 묘사하지요. 그러나 볼프는 아름다움을 주로 감정의 문제로 보았어요. 어떤 작품이 완벽함을 갖고 있다면, 즉 대상을 완벽하게 묘사해 우리에게 즐거움을 준다면 그 작품은 아름다운 거예요.

19세기 후반 스페인계 미국 철학자 **조지 산타야나**는 인간이 아름다움을 감각하는 능력을 갖고 있어서, 부품들의 배열 같은 특정 형태나 예쁜 색상의 천과 같은 재료들을 즐거움을 주는 요소로 포착한다고 주장했지요.

현실 세계

과학 연구 결과에 따르면 사람들은 얼굴의 좌우가 일치하는 대칭적인 얼굴들을 보다 아름답게 느낀다고 해요.

르네상스 시대의 이탈리아 화가 **레오나르도 다빈치**는 이상적으로 아름다운 인체의 여러 비율들을 보여 주기 위해 '비트루비안 맨'을 그렸어요. 이 그림에서 인체 각 부분은 화음을 이루는 음들의 주파수처럼 수학적으로 정확한 비율에 따라 크기가 정해졌지요.

고대 알렉산드리아의 수학자 **유클리드**는 약 1.6:1의 황금비를 발견했어요. 이 특별한 수학적 비율은 피라미드, 모나리자 및 다른 아름다운 사물에서 발견할 수 있어요.

선택하기

우리는 아름다움을 주로 감각 혹은 정신을 이용해 인지할까요? 산타야나와 같은 경험론자들은 감각 경험에 집중하는 반면, 플라톤과 같은 이성론자들은 이성에 집중하지요.

두 견해 사이에는 실제적인 차이가 있어요. 예를 들어 아름다움이 이성에서 나온다면, 사람들은 아름답지 않은 것을 잘못 판단해 아름답다고 여길 수 있지요. 플라톤은 예술을 즐기는 일 때문에 사람들이 참된 아름다움을 오해할 수 있다고 봤어요.

산타야나는 일단 아름다운 것을 발견하면 잘못 알아보는 일이란 있을 수 없다고 생각했어요. 다만 종류에 따라 예술 감상들의 정교함이 차이 난다고 봤지요. 예를 들어 그는 가수의 목소리 혹은 드럼 소리를 즐기는 일이 교향곡의 구조와 화음을 인지하는 것만큼 깊이 있거나 경험에 영향을 준다고 생각하지 않았어요. 감각을 통해서는 예술 작품의 요소들을 감상할 수 있고, 생각을 통해서는 예술 작품의 구조를 즐길 수 있지요.

생각하기

- 아름다움을 수학과 연결 짓는 것에 대해 어떻게 생각하나요? 여러분은 예술 작품 혹은 자연이 주는 즐거움이 구성 요소들 사이의 적절한 비율과 관련 있다고 생각하나요? 왜 그런가요? 혹은 왜 그렇지 않은가요?

- 여러분은 요리가 훌륭한 예술 작품 가운데 하나라고 생각하나요? 요리가 아름다운 맛 혹은 아름다운 냄새를 가질 수 있을까요? 왜 그런가요? 혹은 왜 그렇지 않은가요?

아름다움은 보는 사람의 눈에 달렸을까?

'아름다움은 보는 사람의 눈에 달려 있다'라는 옛 속담은 사람들의 취향이 제각각이라는 뜻이에요. 아이스크림 취향을 놓고 다투는 일은 그다지 생산적이지 않은 데 비해, 비평가들은 어떤 예술 작품이 훌륭한지 서로 논쟁하지요. 이런 상황을 미루어 생각해 보아도 아름다움은 완전히 객관적이라기보다는 개인 취향의 문제일 것 같아요.

아름다움은 대상에 실제로 존재하는 걸까요, 아니면 단지 사람들의 마음에 달린 걸까요? 플라톤과 피타고라스는 아름다움이 객관적이라고 주장했어요. 그런데 두 사람의 말이 맞는다면, 왜 사람들마다 아름다움에 대한 의견이 모두 제각각일까요? 사람들이 즐기는 예술 작품이 사실 즐길 만한 것이 아니라고 주장한다면 말이 되는 일일까요?

누가 질문했을까?

기원전 5세기 그리스 소피스트 철학자 **프로타고라스**는 "사람이 모든 것의 척도다"라고 말했어요. 이는 음식의 맛뿐만 아니라 윤리 심지어 진리까지도 상대적이라는 뜻이에요.

프로타고라스는 책을 전혀 남기지 않았지만, 그를 따르는 많은 작가들이 그의 말을 인용했어요. 그는 플라톤이 쓴 책에서 나오듯이 소크라테스와 논쟁하는 인물로 가장 유명해요. 두 사람은 몇몇 시를 함께 번역하기도 했지만, 대체로는 윤리에 대해 논쟁을 벌였어요. 윤리와 진리가 상대적이어야 한다는 프로타고라스의 주장이 틀렸다 하더라도, 적어도 아름다움이 상대적이라는 믿음은 매우 일반화되었지요.

누가 대답했을까?

데이비드 흄은 아름다움은 대상에 존재하지 않으며, 단지 우리 정신에 있는 느낌이라고 주장했어요. 아름다움이라는 이 느낌은 다른 감정에 비해 너무 고요해서 사람들은 아름다움을 예술 작품의 일부분으로 착각하지요. 사람들의 감정은 서로 달라요. 그러므로 아름다움이라는 감정 또한 당연히 서로 다르지요. 그럼에도 불구하고 흄은 적어도 아름다움에 관한 몇몇 감정들이 잘못되었다고 말할 수는 있다고 봤어요. 아름다운 작품들은 잠재적으로 모든 사람을 기쁘게 할 수 있으며, 그러므로 아름다움을 보기 위해서는 연습과 집중이 필요해요.

임마누엘 칸트는 아름다움이 정신에 있다는 의견에 동의했어요. 그러나 그는 우리의 정신 구조가 기본적으로 동일하기 때문에 어쨌든 아름다움은 객관적이라고 생각했지요. 칸트는 아름다움이 주는 즐거움, 즉 미적 즐거움이 '무관심' 속의 즐거움이어서 다른 즐거움과 구별된다고 주장했어요. 여기서 '무관심'이란 미적 즐거움이 우리의 배고픔, 허영심, 전율에 대한 갈망 혹은 다른 어떤 욕망도 충족시키지 않는다는 뜻이에요. 사람들은 서로 다른 관심사를 지닌 만큼 즐거움을 준다고 느끼는 것도 달라요. 그러나 참된 미적 즐거움은 무관심 속의 즐거움이기 때문에 보편적일 수 있어요. 예를 들어 과일 그림의 아름다움은 여러분이 배고픈지 여부와는 상관없어요.

미국인 철학자 **넬슨 굿먼**은 예술가란 세상을 이해하는 각기 다른 방법을 만드는 사람들이며, 하나의 작품이 아름다울 수 있는 여러 가지, 심지어 상충되는 방법들이 있을 수 있다고 봤어요. 우리는 동일한 대상에 대해 모두가 똑같이 아름답다고 느끼기를 기대해서는 안 돼요. 다만 한 예술가의 예술 언어인 '스타일'을 이해하는 방법을 배워 특정한 예술 작품이 성공적인지 아닌지 판단할 수는 있지요.

현실 세계

여러분이 좋아하는 노래, 영화 혹은 다른 예술 작품을 다른 사람들이 좋아하지 않는다면 여러분은 어떻게 하겠어요? 순순히 서로 다름을 인정하겠어요? 아니면 그들을 설득하겠어요? 여러분은 자신이 좋아하는 것을 그들이 놓치고 있다는 사실을 보여 주려 할 수도 있으며, 그들이 여러분이 즐거워하는 것에 동참하기를 바랄 수도 있지요.

작품들을 즐기는 일의 공통적인 장벽으로는 장르에 익숙하지 않다는 사실(예: 컨트리 음악은 다 비슷해!)과 작품 스타일과 연관된 취향이 없다는 사실(예: 펑키 록은 너무 시끄러워! 록 밴드의 태도도 마음에 안 들어!) 등이 있어요.

선택하기

볼프와 칸트 모두 아름다움이 대상의 형태, 즉 대상을 구성하는 부분들의 배열에 있다는 데 동의했어요. 그러나 정확한 시간을 알려 줄 수 있도록 부품들이 잘 배열되었기 때문에 시계가 아름답다고 이야기한 볼프의 생각은 미적 즐거움은 무관심 속의 즐거움이어야 한다는 칸트의 조건에 위배되는 것처럼 보여요.

칸트는 사물의 아름다움이 그 사물의 유용성과는 상관없다고 생각했어요. 이런 점에서 아름다움은 윤리와는 매우 달라요. 예를 들어, 작품 속에 사람들의 행동을 나아지게 할 좋은 메시지가 담겨 있는지 여부로 예술 작품을 평가해서는 안 돼요. 오히려 예술 작품의 구조를 찬찬히 살펴보아야 하지요.

볼프는 아름다운 대상의 추상적인 형태뿐만 아니라 그 대상이 용도에 얼마나 적합한지도 중요하다고 봤어요. 볼프는 특히 건축에 관심이 많았어요. 그런데 건축은 형태와 기능이 서로 충돌하며 논쟁을 불러일으키는 분야지요. 무너질 수밖에 없는 구조로 지어진 건축물을 진정으로 아름답다고 할 수 있을까요?

생각하기

- 어떤 예술 작품에 대해 여러분의 의견을 바꾼 적이 있는지 생각해 보세요. 있다면, 그 이유가 여러분이 무언가 배웠기 때문일까요?
- 예술 분야에 따라 취향의 주관성에 차이가 많을 것이라 생각하나요? 예를 들어, 음악적 취향은 좋은 사진을 감상하는 일보다 훨씬 주관적일까요? 왜 그런가요? 혹은 왜 그렇지 않은가요?

예술은 언제나 아름다움을 추구할까?

오랜 세월 철학자들은 예술 작품들에 관해 논의할 때 아름다움에만 집중했어요. 그러나 당연하게도 사람들의 감성을 움직이는 방법은 여럿이지요. 예를 들어, 예술가는 전쟁에서 죽임을 당한 사람들의 시체와 같이 매우 충격적인 것을 우리에게 보여 줄 수도 있어요.

위에서 예로 든 작품이 전쟁이 야기하는 고통을 멈추기 위한 도덕적 호소가 아닌 좋은 예술 작품이 되는 이유는 무엇일까요? 일부 철학자들은 훌륭한 예술 작품이라면 끔찍한 주제까지도 아름다운 방식으로 묘사할 것이라고 주장해 왔어요. 또 다른 철학자들은 많은 예술 작품들이 아름다움과는 완전히 다른 것을 추구한다고 주장하지요.

누가 질문했을까?

기원전 200년에서 기원후 200년 사이, 인도의 현자 **바라타 무니**는《나티야샤스트라》라는 제목의 연극 및 노래 백과사전을 만들었어요. 바라타는 모든 예술이 아름다움을 지향한다고 생각하는 대신 사랑, 슬픔, 분노, 혐오, 놀람 등 예술가가 관객들로부터 이끌어 내고자 하는 다양한 반응들을 묘사했지요.

1세기 로마 작가 **롱기누스**는 좋은 글과 나쁜 글을 주제로 〈장엄함에 관하여〉라는 글을 썼어요. 이 글에서 그는 사람들의 관심을 사로잡는 아이디어들이 효과적인 글쓰기의 핵심이며, 작품에서는 관객들이 집중적인 감정을 느끼도록 만드는 것이 중요하다고 주장했어요. 예술가는 위대한 작품을 만들거나 강렬한 열정을 표현하기 위해 자신의 영혼을 작품에 쏟아 넣을 수 있어요. 롱기누스는 아름다운 글쓰기를 위한 규칙 대신 장엄함, 즉 힘있고 인상적인 문체에 집중했지요.

누가 대답했을까?

18세기 영국 철학자 **에드먼드 버크**는 근대 미학에 '장엄함'이라는 주제를 가져왔어요. 그는 미학이라는 관점에서 죽음에 대한 공포가 아름다움만큼이나 강력하다는 사실을 깨달았어요. 장엄함은 거대한 폭풍처럼 압도적인 힘과 규모를 묘사해요. 실제 세상에서 이런 것과 마주친다면 두렵겠지만, 예술 작품을 통해서라면 안전하게 경험할 수 있지요.

프리드리히 니체의 첫 번째 책인《비극의 탄생》은 고대 그리스에서 일어난 장엄함에서 아름다움으로의 역사적인 변환을 다뤘어요. 그는 장엄함을 그리스 술의 신인 디오니소스의 이름을 따서 '디오니시안'이라 불렀으며, 아름다움은 태양의 신인 아폴로의 이름을 따서 '아폴로니안'이라 불렀어요. 그는 플라톤의 태도를 아폴로니안의 태도라고 생각했어요. 즉 아름다움은 순수하고, 영원하며, 변함없어야 한다고 여겼지요. 니체는 이런 아름다움이 영감을 고취하고, 근본적으로 인간을 뛰어넘는다고 봤어요. 반면 디오니시안은 존재하는 실제 진리를 보여 주며, 무질서와 끊임없는 변화로 가득 차 있다고 봤지요.

니체에게 직접적으로 영향을 끼친 사람들 가운데 철학자 **쇼펜하우어**가 있어요. 그는 경험의 세계를 실제 세상과 구분하는 임마누엘 칸트의 사상을 이어받았어요. 다만 쇼펜하우어는 실제 세상을 알 수 있으며, 실제 세상은 **의지**라 부르는 근본적으로 광대하고 맹목적이며 비이성적인 힘이라고 주장했지요. 쇼펜하우어는 음악이 직접적으로 이런 의지를 표현하므로 특별히 장엄하다고 여겼어요.

현실 세계

여러분이 공포 영화를 좋아한다면, 정말로 겁먹기를 좋아하기 때문일까요? 아리스토텔레스는 당시 공연되었던 비극들에 대한 글에서 '카타르시스'라는 용어를 사용했어요. 카타르시스란 무대 위 배우들이 끔찍한 일을 당하는 모습을 지켜보면서 관객은 안전하게 객석에 앉아 나쁜 감정을 모두 씻어 버리는 일을 뜻해요.

착한 사람이 복을 받는 등 모든 것이 행복하게 끝나는 이야기가 가장 아름다울지 몰라요. 복을 받는 착한 사람과 대비하여 나쁜 사람이 벌을 받는 내용도 들어갈 수 있지요. 그러나 장엄함이나 숭고함의 관점에서 보면, 슬프게 끝맺는 이야기도 좋을 수 있어요.

선택 하기

예술을 강력하고 종교적이기까지 한 경험으로 묘사하는 것은 19세기 초 유럽 낭만주의 시대에 큰 영향을 끼쳤어요. 당시 예술은 종종 아름다움을 포착하려는 시도라기보다는 예술가의 감정을 표현하는 일로 정의되었지요. 니체는 낭만주의를 경멸했어요. 그는 낭만주의가 깊이도 없고 실존의 가혹한 진실도 부정한다고 여겼지요.

영국 낭만주의 시인 존 키츠는 〈그리스 항아리에 부치는 송시〉라는 시를 썼어요. 이 시에서 그는 "아름다움은 진리요, 진리는 아름다움이라"라고 썼지요. 이는 진·선·미에 대한 플라톤의 생각과 일치해요. 반면에 니체는 진·선·미가 서로 무척 다르다고 봤어요.

여기서 한 가지 어려움은 인류의 가장 강력한 경험의 본질에 관한 거예요. 낭만주의와 니체에 따르면 사람들은 예술 혹은 그 밖의 다른 것으로부터 극단적인 희열을 느끼며 우주와 하나가 된 듯한 감각에 빠질 수 있어요. 정말로 강렬한 예술은 강렬하게 아름답든 혹은 강렬하게 무섭든 표현할 수 없는 것들을 표현하려 해요. 그러니 표현할 수 없는 두 가지 경험을 명확하게 구분할 수 있으리라 기대해서는 안 돼요.

생각하기

- 여러분은 영화, 노래, 이야기에서 나오는 폭력이나 고통을 좋아하나요? 왜 그런가요? 혹은 왜 그렇지 않은가요?
- 여러분은 정말로 못생긴 무언가가 예술 작품에서는 아름다울 수 있다고 생각하나요? 예를 들어 보세요.
- 한 예술 작품이 아름다우면서도 장엄할 수 있나요? 장엄함은 아름다움의 한 형태일까요? 왜 그런가요? 혹은 왜 그렇지 않은가요?

무엇이 **예술**일까?

미적 경험을 놓고 이야기하다 보면 자연에서의 경험이 예로 자주 등장해요. 아마 우리는 새의 노랫소리를 참고 삼아 아름다운 음악을 만들 생각을 했을 거예요. 혹은 사진가나 화가는 자연에서 아름다운 무언가를 보고 인생 최초의 영감을 얻었을지도 모르지요.

그런데 한번 뒤집어 생각해 보세요. 아름답거나 장엄한 자연을 감상한다고 해서 감상한 모든 사물을 예술로 변화시킬 수 있을까요?

이와 비슷하게, 무엇이 되었든 예술가가 만든 것이 예술이라면 예술가가 만든 샌드위치도 예술 작품인가요? 예술로 간주될 수 있는 것에 어떤 제약이 있을까요?

누가 질문했을까?

'예술이란 무엇인가?'라는 질문은 미학에서 매우 기본적인 질문처럼 들려요. 그러나 실은 실험적인 작품들을 만드는 예술가가 점점 늘어가던 20세기 초에야 나오기 시작한 질문이지요.

프랑스 화가 **마르셀 뒤샹**은 1917년 한 전시회에 〈샘〉이라는 작품을 출품했어요. 그가 출품한 것은 단지 소변기였어요. 게다가 직접 만들지도 않고, 돈을 주고 산 것이었지요. 그는 익명으로 소변기를 출품했으며, 전시를 거부당하자 소변기를 제출하겠다고 결정한 예술가의 선택이 그 소변기를 예술품으로 만든다고 주장했어요.

누가 대답했을까?

뒤샹의 〈샘〉은 매우 큰 반향을 일으켰어요. 물론 그저 소변기였던 만큼 작품 자체 때문은 아니고, 무엇이 예술인지에 대한 그의 주장 때문이었지요. 많은 예술가들이 독특한 작품으로 이에 호응했어요. 예를 들어, 작곡가 **존 케이지**는 〈4분 33초〉라는 곡을 썼는데, 누군가 피아노 앞에서 정확히 4분 33초 동안 침묵을 지키고 앉아 있는 것이었지요. **앤디 워홀**은 〈브릴로 상자와 100개의 수프 통조림〉과 같은 작품을 만들었는데, 이들은 소비자 상품을 그대로 복제한 것들이었지요. 작품의 형태와 그 작품이 예술가의 감성을 어떻게 나타내는지가 중요하다는 전통적인 예술 이론들은 이런 실험적인 작품들을 비웃었어요.

1964년 미국 철학자 **아서 단토**는 예술에 관한 조직 이론의 초안을 잡았어요. 이 이론에 따르면 예술가가 창작하고 예술계가 예술로서 인정하면, 그 창작물은 예술품이에요. 그러므로 소변기에 〈샘〉이라는 이름을 붙여 박물관에서 예술 작품으로서 전시하면 그것은 예술품이에요. 그러나 화장실에서는 소변기가 예술품이 아니에요.

아서 단토와 동시대 비평 철학가인 **먼로 비어즐리**는 예술가의 의도를 고려해야 한다는 것에 동의했어요. 그러나 예술가의 의도에는 누군가의 미적 호기심을 충족시키는 일이 들어 있어야 한다고 주장했지요. 그의 주장에 따르면, 〈샘〉이라는 작품은 단지 예술에 대한 의견으로서 만들어진 것일 뿐 예술 작품으로서 기획되지 않았으므로 예술 작품으로 간주되어서는 안 돼요.

1979년 미국 철학자 **제럴드 레빈슨**은 예술에 관해 역사적 관점의 이론을 제시했어요. 그 이론에 따르면 예술 작품은 과거에 예술로 인정되었던 것들과 반드시 관련이 있어야 해요. 과거 사람들은 무엇을 예술 작품이라고 생각했으며, 무엇에 감정적으로 영향을 받았을까요? 과거에 예술로 간주된 것들과 비슷한 모든 창작물은 예술 작품이에요.

현실 세계

지난 세기, 예술은 크게 발전했어요. 이에 무엇이 예술인지 생각할 때, 아마 여러분은 〈샘〉이라는 작품보다는 다른 것들을 떠올릴 거예요. 멋진 디자인의 구두나 핸드폰도 예술일 수 있나요? 의심의 여지없이 춤은 예술이에요. 그러나 여러분은 자신이 걸어간 길이 예술로 여겨질 만큼 우아하게 걸어갈 수 있나요? 요리사는 창의적이고 훌륭한 모양의 아름다운 요리를 만드는 예술가일 수 있어요. 그렇다면 요리사와 비슷하게 흥미진진한 화학 성분들을 섞어 새로운 혼합물을 만들어 내는 화학자는 어떤가요? 아마도 예술은 세상에 대한 예술적인 태도를 취하는 것과 더 관련 있고 제품 생산과는 관련이 적을 거예요.

선택하기

미학의 형식론에 따르면 무엇인가가 예술 작품인지 아닌지는 그 작품을 경험함으로써만 알 수 있다고 해요. 여러분은 그 작품이 어디에서 왔는지는 전혀 알 필요가 없어요. 이는 누군가 특별히 아름답다고 생각해 예술 작품으로 제출한 막대기조차 예술로 고려할 수 있지만, 〈샘〉이라는 작품은 그렇지 않을 것이라는 뜻이에요. 아마도 미학과 관련한 고전 철학자들 모두는 이 의견에 동의할 거예요.

이에 반해 아서 단토는 여러분이 두 개의 똑같은 작품을 가지고 있고 그 가운데 하나만 예술가가 창작했다면, 예술가가 만든 작품만 예술로 여겨지고 예술가가 만들지 않은 나머지 하나는 예술로 간주되지 않을 것이라고 주장했어요. 앤디 워홀의 작품들이 좋은 예예요. 상업적 목적을 위해 만들어진 이미지를 다시 사용한 것이기는 하지만, 〈샘〉과는 달리 그 작품들은 워홀이 직접 만들었기 때문이지요. 워홀은 우리에게 그 이미지들을 다시 보고 상업주의에 관해 생각해 보도록 요구하는 거예요.

생각하기

- 지금 당장 잠깐 멈춰 서서 주변의 소리에 귀 기울여 보세요. 여러분은 들리는 소리를 음악적인 것으로 받아들일 수 있나요?
- 예술 작품을 감상할 때, 예술가의 의도와 성격이 중요하다고 생각하나요? 왜 그런가요? 혹은 왜 그렇지 않은가요?
- <샘>이라는 작품이 예술이라고 생각하나요? 훌륭한 예술일까요?

예술이 나를 더 **좋거나** 더 **나쁜 사람**으로 만들 수 있을까?

아름다움의 질에 대한 판단들도 윤리에 대한 판단처럼 규범적이에요. 이는 이 판단들이 묘사할 뿐만 아니라 평가한다는 뜻이지요. 그렇다면 아름다움 혹은 미의 질에 대한 판단은 윤리 판단과 어떤 관계가 있을까요?

칸트는 미적 판단이 윤리와는 완전히 별개라고 봤어요. 그러나 당연하게도 모든 예술 작품은 객관적으로 보이는 추상적인 형태 그 이상의 것을 담고 있지요. 예술은 사람들이 여러 다양한 것들에 관심을 갖도록 하는 강력한 도구예요. 영화, 방송, 음악 및 다른 예술 작품들이 일상생활 대부분에서 굉장히 중요하므로 철학자들은 어떤 종류의 예술이 우리에게 좋을지 탐구하지요.

누가 질문했을까?

노자의 영향을 받은 도교 예술가들은 자연과 조화를 이룬 삶을 표현하는 그림들을 그렸어요. 예를 들어 14세기 명나라의 **오백리**가 그린 용과 소나무는 도교인들에게 우아함, 인내, 균형의 미덕을 가르쳐요. 이는 여러 종교를 넘어서 종교적인 예술을 대표하며, 긍정적인 메시지를 명상과 기쁨을 불러일으키는 고요한 감각 경험과 결합시키지요.

참된 아름다움을 선과 동일시하는 플라톤의 생각은 유대교와 기독교에서 경건한 예술 작품들에 영감을 주며 영향을 끼쳤어요. 그러나 사실 예술에 관한 플라톤의 생각은 그리 긍정적이지 않았어요. 19세기까지 대부분의 철학자들과 고대 그리스인들은 주제를 정확하게 표현하는 그림이 훌륭한 작품이라고 생각했지요. 그러나 사진기가 발명돼 사물을 완벽하게 사진에 담아내자, 화가들은 이 목표를 수정해야 했어요. 아리스토텔레스에 따르면 보다 추상적으로 보이는 음악조차 인간의 움직임과 감정을 모방한 것이었어요.

플라톤은 우리가 살고 있는 세상이 참 세상을 모방한 것이라고 생각했어요. 플라톤에게 예술은 모방의 모방일 뿐이었으며, 예술가들은 근본적으로 거짓말쟁이에 불과했어요. 플라톤은 신을 형편없는 인간처럼 묘사한 그리스의 수많은 이야기를 신성 모독이라고 여겼지요.

누가 대답했을까?

18세기 **프리드리히 폰 슐레겔** 같은 낭만주의 철학자들은 미학이 우리 삶의 절대적인 중심 기준이라고 생각했어요. 슐레겔은 시와 철학이 정말로 동일하며, 세상을 보다 시적으로 만드는 일이 정치나 윤리, 심지어 과학의 중요한 관심사여야 한다고 보았지요.

니체는 낭만주의를 싫어하기는 했지만, 윤리에 대한 그의 전반적인 관점은 '삶을 일종의 예술 작품으로 만든다'는 것에 기반을 뒀어요. 그는 윤리와 미학 모두 우리가 무엇에 가치를 두느냐의 문제라고 생각했지요. 즉 두 가지 모두 어떤 종류의 세상을 원하는가에 관한 것이에요.

쇼펜하우어는 미적 경험이란 우리가 '모든 자연의 근간을 이루는 보편적인 의지'라는 것을 이해하는 문제라고 생각했어요. 쇼펜하우어의 형이상학에 따르면, 모든 사람은 동일한 의지이므로 미학은 우리와 다른 사람과의 연결을 이해하는 중요한 방법을 제공하지요. 이는 윤리에 대해서도 필요해요. 예술은 우리가 동정심을 가지도록 만들어요.

키르케고르는 미학, 윤리, 종교를 대상의 가치를 매기는 각기 다른 세 가지 방법으로 생각했어요. 그는 세 가지 가운데 가장 수준이 낮은 것은 미학이라며, 감각을 통해 경험한 것에 관심을 두면 이기적이고 천박해지므로 이런 관심은 극복해야 한다고 했어요. 다만 폭넓은 관점에서 보면 예술은 더 높은 목표를 달성하는 일에 기여할 수도 있으므로 완전히 포기할 필요는 없다고 봤지요. 예를 들어 종교에 관한 키르케고르의 글은 그 자체로도 매우 아름다워요.

사람들은 흔히 키르케고르와 니체를 초기 실존주의자로 분류해요. 실존주의에서는 우리 자신을 창조할 수 있는 자유를 강조하지요. 이에 많은 실존주의 철학자들은 소설, 연극 및 그 밖의 문학 작품들을 썼어요. 프랑스 소설가 **알베르 카뮈**는 삶을 근본적으로 불합리하다고 봤지요. 우리는 세상이 질서정연하고, 우리의 행동들이 그런 세상과 조화롭게 맞물려 돌아가기를 바라지만 실상은 그렇지가 않아요. 예술은 우리가 그런 현실을 받아들이고, 그런 현실과 맞서 싸울 수 있도록 해 줘요.

20세기 초 미국 실용주의자 **존 듀이**는 예술이 박물관 소장품 이상의 것을 다루어야 한다고 주장했어요. 그는 예술이 생명력 있고, 완전히 몰입된 방식으로 삶과 관련 있어야 한다고 했지요.

수많은 20세기 비평가들은 현대 엔터테인먼트가 우리에게 나쁘다고 주장해 왔어요. 마르크스주의 철학자 **테오도르 아도르노**는 인기 있는 노래와 쇼가 우리를 자본주의 경제의 노예로 만든다고 주장했지요. 캐나다 철학자 **마셜 매클루언**은 우리가 정보를 전달받는 형태에 대해 비평했어요. "매체가 곧 메시지다"라는 그의 말은 우리가 정보를 받는 방법이 우리가 받는 정보의 종류를 제약한다는 뜻을 담고 있지요.

현실 세계

많은 사람들이 음악을 자기 삶을 표현하는 방식으로 이용해요. 배경음악으로 노래를 틀어 두면 세상이 그들을 좀 더 특별하게 느끼도록 만들 수 있지요.

플라톤은 몇몇 음악이 희망과 행복감을 주는 반면 어떤 음악들은 영혼에 나쁜 영향을 끼치므로 금지해야 한다고 생각했어요.

여러분은 특정한 음악이 여러분을 좀 더 낫거나 좀 더 나쁜 사람으로 만들 수 있다고 느끼나요? 예를 들어 언제나 특정한 음악, 가령 슬픈 음악이나 분노가 담긴 음악 혹은 매우 실험적인 음악만 듣는다면 이는 여러분에게 어떤 의미일까요?

선택하기

반어법은 뜻하는 바를 명확하게 말하지 않는 미학적 글쓰기 기술이에요. 여러분은 정말로 말하고자 하는 것과 반대로 말하거나 혹은 말한 것과 뜻한 것 사이의 관계를 고의로 불명확하게 남겨 둘 수도 있지요.

철학에서 반어법은 플라톤 시절에 이미 사용되었어요. 고대 그리스어에서 'ironia'라는 단어는 '모르는 척하는'이라는 뜻이지요. 소크라테스는 자신이 정말로 믿는 것을 말할 때나 다른 사람이 생각하도록 할 때 항상 명확하게 표현하지는 않았어요.

슐레겔과 같은 낭만주의자들은 지식의 한계를 드러내기 위해 반어법을 사용했어요. 철학 이론을 비꼬아 논의하면 사람들은 그 이론에 완전히 동의하지 않는 상태로 조사하며 탐구할 수 있지요. 슐레겔은 자신이 말하는 것이 단지 수많은 의견 가운데 하나라는 것을 보여 주기 위해 반어법을 사용했어요.

키르케고르 또한 반어법을 사용했어요. 그는 다른 인물들과 다른 이름을 내세워 그들의 관점에서 수많은 글을 발표했지요. 그에게 반어법은 자신이 생각하기에 최고인 신의 세상에 좀 더 가까이 가기 위해 불합리한 세상과 거리를 두는 수단이었어요.

생각하기

- 여러분은 예술에 여러분을 좀 더 나은 사람으로 만드는 기능이 있다고 생각하나요? 그렇게 생각한다면, 단순히 예술을 경험하는 것만으로 충분한가요? 아니면 실제로 예술 작품을 만들어야 할까요?
- 윤리적으로 좋은 것과 미적으로 좋은 것 사이에 무슨 관계가 있다고 생각하나요? 이 둘은 서로 같을까요?

정치 철학

사회를 어떻게 조직해야 할까?

정치 철학(Politics)이라는 단어는 도시국가를 뜻하는 고대 그리스어 'Polis'에서 유래했어요. 각 도시국가는 정치적으로 서로 독립적이었으며, 각 나라마다 자신만의 정부가 있을 뿐 그리스 전체를 다스리는 중앙 정부는 존재하지 않았지요. 한편 정치 철학은 윤리학의 한 부분으로, 우리가 어떻게 개별적으로 행동해야 하는지가 아니라 어떻게 함께 행동해야 하는지를 다뤄요. 다른 한편으로 정치 철학은 '어떤 종류의 법을 만들어야 사람들이 함께 잘 살 수 있는 사회를 효과적으로 가꿀 수 있는가?'라는 공학적인 질문이기도 해요.

정부의 목적은 무엇일까?

왜 정부가 있나요? 왜 숲속 한가운데 혼자 살면 안 되나요? 혼자서 사는 것을 바람직한 삶의 방식이라고 생각하는 사람들도 있지만, 다른 사람들 가까이에 살면 분명 이점이 있지요. 그러나 사람들끼리 모여 살면 토지 소유, 빈곤, 특권, 존중 등의 문제에서 다툼을 피할 수 없어요. 그렇다면 정부의 목적은 단순히 이런 다툼을 해결하는 것일까요? 아니면 모든 사람이 가능한 잘 살도록 돕는 것일까요? 정치적인 관점에서 국가는 '사람들이 법을 따르도록 힘을 행사한다'라는 뜻을 담고 있어요. 그런 국가는 우리가 원하는 것인가요? 아니면 우리가 견뎌야 할 무엇인가요?

누가 질문했을까?

그리스의 도시국가들은 각각 정부를 갖고 있었어요. 덕분에 다른 지역보다 그리스 철학자들이 정부의 목적에 대해 더 많이 고심했지요. 아리스토텔레스는 인간이 정치적 동물이라고 주장했어요. 이는 다른 사람들과 함께 정치적으로 행동하는 공적인 삶이 좋은 삶의 일부라는 뜻이에요. 우리는 다른 사람들과 평화롭고 생산적인 관계를 유지하기 위해 시스템과 규칙을 필요로 하며, 당연하게도 정부는 이 요구를 충족시키려 해요. 아리스토텔레스는 사람들의 요구를 가장 효과적으로 만족시킬 수 있는 정부 구조를 찾기 위해 여러 형태의 정부 구조들을 평가했어요.

누가 대답했을까?

토머스 홉스는 아리스토텔레스와 마찬가지로 정부는 사람들이 인정하든 부인하든 모두가 자연스럽게 원하는 대상이라고 주장했어요. 홉스는 정부가 없는 세상은 더럽고 야만적일 것이라고 말했지요. 사람들끼리 서로 해치는 것을 막을 수는 없을 거예요. 그러므로 다른 사람을 해칠 수 있는 능력을 포기하고 모든 분쟁을 절대자의 손에 맡기는 것이 우리에게 이익이 되는 일이에요. 홉스는 이를 사회적 계약이라고 불렀어요. 비록 사람들이 모두 "나는 통치 받고 싶어요"라고 목청 높여 말하지 않았더라도, 그는 우리의 본성이 그런 합의를 하도록 만든다고 생각했지요. 흥미롭게도 지도자 역시 그 계약에 합의하지 않았어요. 홉스는 정부가 없는 세상은 너무 나빠서 절대 권력을 가져야 하는 지도자에게 모든 권한을 양보하는 것에 사람들이 모두 동의할 것이라고 봤지요.

존 로크는 사회적 계약이라는 개념을 좋아했어요. 지도자 또한 계약에 의해 제약을 받아야 한다고 생각했지요. 로크는 우리에게 다른 사람의 생명·자유·재산을 존중하도록 윤리적으로 요구하는 자연법이 있다고 주장했어요. 정부의 일은 그런 권리들이 확실히 존중받도록 만드는 것이며, 정부가 그런 권리를 침해한다면 시민들이 그런 정부를 더 나은 정부로 바꾸어야 한다고 했지요.

18세기 프랑스 철학자 **장 자크 루소**는 정부의 목적이 집단으로서 우리에게 가장 좋은 것, 즉 평등을 추구하는 사람들의 의지를 집행하는 일이라고 주장했어요.

현실 세계

여러분은 사회에 살며 그 사회의 법에 의해 보호를 받는 조건으로 그 법을 스스로 지키도록 요구받는 거래를 했다고 생각하나요? 이런 종류의 사회적 계약에 대한 생각은 소크라테스까지 거슬러 올라가지요.

플라톤의 《대화편》 가운데 〈크리톤〉을 보면, 소크라테스는 부당하게 사형을 선고받았어요. 그는 탈출할 수도 있었지만 그런 행동이 국가에 대한 자신의 의무를 저버리는 일이라고 말했지요. 평생 아테네에 사는 이점을 누렸다고 생각한 그는 국가가 자신에게 실수로 잘못된 판결을 내렸다 할지라도 그 판결에 따르지 않는 일은 잘못이라고 생각했어요.

선택하기

로크와 루소 모두 정부의 목적은 인권을 보호하는 것이라고 생각했어요. 그러나 인권에 어떤 권리가 들어가야 하는지에 관해서는 서로 의견이 달랐지요. 로크는 사유 재산에 대한 권리(재산권)가 당연한 것이라고 생각했어요. 우리는 당연하게도 자신의 신체를 소유해요. 그러므로 우리가 만든 물건과 농사 짓기 위해 노동력을 투입한

땅을 소유하겠다고 정당하게 주장할 수 있지요. 물론 사용할 수도 없으면서 묵혀 두어서는 안돼요.

루소에게 있어 사유 재산은 자연적이고 당연한 것이 아닌 단순한 사회 구성물이었어요. 부자들이 운영하는 정부는 일부 부자들의 재산을 보호하려고 해요. 그러나 국민 전체를 대표하는 참된 정부라면 국민의 뜻을 실행하고 국민의 이익을 보호해야 해요. 그렇다고 사유 재산을 없앤다는 뜻은 아니에요. 다만 사유 재산이 근본적인 권리는 아니라는 뜻이지요. 그러므로 국민의 이익에 부합할 때만 사유 재산을 인정하고 보호해야 하는 거예요.

생각하기

- 여러분은 부당한 법도 지킬 의무가 있다고 생각하나요? 왜 그런가요? 아니면 왜 그렇지 않은가요? 어떤 예가 있을지 생각해 보세요.
- 끔찍한 정부와 무정부 사이에 어느 쪽이 더 나쁘다고 생각하나요? 정부가 없는 세상은 어떨까요?

민주주의는 가장 좋은 **정부** 형태일까?

정치 철학의 역사에서 가장 위대한 이야기는 몇몇 사람들이 절대 권력을 가져서는 안 된다는 생각이 서서히 자리 잡았다는 거예요. 오늘날에는 대다수 사람을 노예로 삼는 왕이나 영원한 지배 계층이 있어야 한다고 주장하는 철학자를 별로 볼 수 없지요. 그런데 사람이 법에 투표해 다수인 쪽이 승리하는 민주주의가 사람들의 권리를 존중하는 법을 만드는 가장 좋은 방법일까요?

민주주의는 어느 정도가 되어야 충분할까요? 우리가 모든 법에 대해 직접 투표해야 할까요? 혹은 법을 만들 대표자들에게만 투표하면 될까요?

누가 질문했을까?

민주주의라는 뜻의 영어 단어 'Democracy'는 '민중의 통치'를 뜻하는 고대 그리스어에서 유래했어요. 아테네는 민주주의 국가로 알려져 있어요. 그러나 사실 군사 훈련을 마친 성인 남성 자유민만이 실제로 법에 투표하거나 배심원이 될 자격이 있었지요. 아테네 사람들 가운데 10~20퍼센트 정도였어요.

아테네 배심원들이 투표를 통해 소크라테스에게 사형을 선고했다는 사실을 생각하면, 그의 신봉자인 플라톤과 아리스토텔레스는 민주주의가 현명한 통치를 보장하는 최선의 방안이라는 생각에 의구심을 가질 수밖에 없었어요. 플라톤은 《국가론》에서 소크라테스라는 인물을 통해 철학자 왕 같은 현명하고 덕망 높은 사람이 세상을 지배하는 것이 타당하다고 말했지요.

누가 대답했을까?

플라톤의 제자인 아리스토텔레스는 아테네가 마케도니아에게 점령당함에 따라 아테네 민주주의 끝을 경험했어요. 그리고 새로운 왕을 직접 섬기며 일했지요. 그는 어떤 형태의 정부가 모든 시민들에게 가장 정의롭고 공정한지 평가할 좋은 위치에 있었어요. 아리스토텔레스는 가장 덕망 높은 사람이 지배자가 되어야 한다는 플라톤의 주장에 동의했지만, 그것은 말이 쉽지 실제로는 어렵다는 사실을 깨달았어요. 그는 지도자의 권력을 제한할 헌법을 추천했으며, 새로운 상황에 적응하기 위해 사람들이 이 헌법을 바꿀 수 있어야 한다고 생각했지요. 아리스토텔레스는 다수에 의한 지배가 취약한 정부 형태라고 보았으며, 가난한 사람들이 권력을 장악하면 부당함이 발생할 가능성이 매우 높다고 생각했어요.

공리주의자 존 스튜어트 밀은 정부의 역할이 최대한 많은 사람들을 행복하게 만들고 그들의 고통을 줄여 주는 일이라고 믿었어요. 이런 믿음 속에 그는 여성들도 투표권을 가져야 한다고 주장했지요. 그러나 그는 '다수에 의한 폭정'을 경고하기도 했는데, 이는 민주주의에서 사람들이 모든 사람에게 좋은 방향으로 투표하는 대신 자신이 속한 그룹에 이익이 되는 방향으로 투표하는 경향이 있다는 뜻이에요. 소수인 그룹은 결과적으로 해를 입거나 무시당할 가능성이 있지요.

미국 헌법을 만드는 데 참여했던 **제임스 메디슨**은 밀의 경고를 마음에 새기고 있었어요. 그는 미국이 민주공화국이어야 하며, 미국인들은 모든 사람들의 권리를 존중할 만큼 충분히 덕망 높은 인물들에게 투표해야 한다고 주장했지요.

현실 세계

진정한 민주주의 사회에서는 모든 사람들이 모든 일들에 대해 투표할 거예요. 이는 투표에 참여하는 모든 사람들이 투표해야 할 모든 이슈, 예를 들어 토지 사용이나 무역 정책 등에 대해 교육받을 필요가 있다는 뜻이지요.

그러나 모든 것을 배울 시간은 없어요. 우리는 필연적으로 다양한 분야의 전문가들이나 우리가 신뢰할 수 있는 사람들로부터 조언을 받지요.

사람들은 끊임없이 조사하고 투표하는 일에 시간을 보내고 싶어 할까요? 아니면 자신들이 존중할 만한 판단력을 가진 사람들을 뽑고 싶어 할까요?

선택하기

루소는 진정한 민주주의에서만 사람들이 뜻을 표현할 수 있다고 생각했어요. 다른 한편으로 이런 민주주의는 큰 그룹에 의하여 정복되기 쉬운 작은 그룹에서만 가능한데, 소수의 부자들은 다수의 가난한 사람들이 그들을 지배하게 두지 않을 것이기 때문에 민주주의는 결국 내전으로 이어질 가능성이 크다고 생각했지요. 이에 그는 민주주의나 공동의 선을 진정으로 대표하는 정부의 능력에 대해 회의적이었어요.

존 듀이는 사람들이 민주주의에서 실질적인 시민으로 교육될 수 있다고 봤어요. 또한 민주주의 정부만이 우리가 인간으로서 완전하게 성장할 수 있는 유일한 정부 형태라고 생각했지요. 우리 모든 구성원 한 명 한 명은 좋은 교육을 통해 민주주의를 누릴 만한 사람이 될 수 있으며 공동의 선에 대해 어떤 대표자보다도 좋은 결정을 내릴 수 있어요.

생각하기

- 좋은 헌법이라면 다수의 폭정으로부터 소수의 사람들을 보호할 수 있어야 해요. 여러분은 우리나라의 헌법이 이 일을 충분히 잘한다고 생각하나요? 왜 그런가요? 혹은 왜 그렇지 않은가요?
- 대부분의 사람들에게 이익이 되는 일에 투표하면 현재 여러분이 갖고 있는 이점들을 포기하게 되는 예를 생각해 보세요. 여러분은 어떻게 투표하겠어요?

정의란 무엇일까?

많은 사람들이 사회적 정의에 대해 서로 논쟁을 벌여요. 사회적 정의란 정확히 무엇일까요? 사람들은 서로 어떤 도움을 주고받으며, 정부는 그것을 위해 무엇을 해야만 할까요? 정의는 형법에서 중요한 역할을 해요. 누군가 법을 위배했을 때, 우리는 정의가 구현되기를 바라지요. 그러나 일반적으로 정의는 사회 구성과 보다 관계가 있어요. 누가 사회를 통제할까요? 누가 물자를 가장 많이 가져야 할까요? 누가 책임을 가장 크게 져야 할까요? 이런 문제를 분배 정의라고 해요. 물자를 분배하는 가장 공평한 방법은 무엇일까요?

누가 질문했을까?

함무라비 법전은 역사적으로 정의에 관한 첫 번째 원칙인 '눈에는 눈, 이에는 이'를 제시했어요. 그러나 정의에 관한 근대 개념의 모태는 529년 유스티니아누스 법전이지요.

유스티니아누스 1세는 로마 제국의 동쪽 절반 영토를 차지한 비잔틴 제국의 황제였어요. 유스티니아누스 법전에서는 정의를 '각 사람에게 그가 받아야 할 것을 제공하는 끊임없고 영원한 의지'로 규정했지요. 잘못된 행동에 대해 사람들을 처벌하는 것만으로는 충분하지 않아요. 정의는 우리 모두가 누려야 할 것을 가지도록 규정하지요. 그런데 사람들은 무엇을 받을 만하고, 정부는 어떻게 해야 할까요?

누가 대답했을까?

앞서 언급한 모든 사회적 계약 이론가들은 누가 합법적으로 다스려야 하고, 지도자들은 국민들에게 무엇을 빚지고 있는지에 관해 답을 주었어요. 로크와 루소는 모든 사람이 법 앞에 평등하고 법에 영향을 끼칠 권리를 가지고 있어야 한다고 강조했지요.

루소는 한 발 더 나아가 그가 사회의 결과물이라고 말한 불평등을 거부했어요. 그러나 그는 완전한 평등주의자는 아니었어요. 평등주의는 모든 사람이 평등하고, 동등한 부를 누릴 만하다고 보는 관점이에요. **마틴 루터 킹**과 같은 사상가들은 평등주의 사상의 유래를 "신이 보시기에 우리 모두는 동등하다"라는 성경 구절에서 찾지요.

19세기 철학자 **카를 마르크스**는 평등주의 사상을 굳게 믿었어요. 그는 정의란 사회를 구성하는 각 사람들이 자신의 능력에 따라 사회에 공헌하고 자신의 필요에 따라 물자를 얻는 것이라고 주장했지요.

20세기 미국 철학자 **존 롤스**는 우리가 사회 구성원으로서 각 사람의 역할을 고려하지 않는다면 물자를 나누는 공정한 방법을 알 수 있다고 말했어요. 그는 우리가 가장 가난한 사람들도 가능한 잘 살게 만들고 싶어 하며, 불평등이 하층민의 삶을 나아지게 한다면 불평등을 허용해야 한다고 생각했지요.

자메이카 출신의 미국 철학자 **찰스 밀스**는 추상적인 용어들로는 사회를 공정하게 구성하는 법에 관해 생각할 수 없으며, 과거 불공정의 영향을 적극적으로 되돌려야 한다고 주장했어요.

현실 세계

흑인 민권 운동 시위자들은 모든 사람이 동등하게 대접받아야 한다는 미국의 공식 법에도 불구하고 현실은 그렇지 않다고 주장해 왔어요. 그들은 치안과 법원에서의 여러 국가 정책들 때문에 많은 흑인들이 경찰의 괴롭힘을 받고 살해당하고, 교도소에 갇힌다고 주장하지요. 또한 동일한 범죄에 대해 흑인들이 백인들보다 더 가혹한 판결을 받는다고도 해요. 여러분은 동일한 법이 다른 그룹의 사람들에게 다르게 적용되는 것이 그 법 혹은 그 법이 해석되고 집행되는 방식이 불공정하다는 좋은 증거라는 데 동의하나요? 왜 그런가요? 혹은 왜 그렇지 않은가요?

선택하기

존 롤스와 동시대 철학자인 **로버트 노직**은 사회가 부를 분배한다는 생각이 말이 되지 않는다고 주장했어요. 최초에 아무것도 갖고 있지 않았던 정부가 부를 생산한 사람들로부터 부를 취해 다른 사람들에게 분배하는 일은 부당하다고 보았지요. 노직은 사람들의 부를 평가하는 대신 사람들이 그 부를 어떻게 얻었는지를 평가해야 한다고 했어요. 절도나 사기나 다른 나쁜 방법을 사용해 얻은 것이 아니라면 사람들 사이에 커다란 불평등이 있더라도 그러한 부의 분배 방식은 정당하다고 생각했지요.

마르크스는 개인 재산의 초기 배분이 언제나 절도의 결과라고 생각했어요. 다시 말해 권력 있는 사람들이 자신들이 할 수 있는 것을 해 놓고는 한 일의 결과물을 정당하게 소유했다고 말하는 법을 만든 결과라고 본 거예요. 그는 또한 노동자들이 부자들을 위해 일할 수밖에 없으므로 자본주의 사회에서 부를 얻는 방법은 언제나 부당하다고 생각했어요. 노동자들에게는 사실상 현실적 대안이 없기 때문에 그들은 자유롭지 않아요.

생각하기

- 사회가 어떤 종류의 평등을 추구해야 한다고 생각하나요?
- 여러분은 정의가 과거의 부당함을 보상해야 한다고 생각하나요? 얼마나 오래된 과거까지 고려해야 할까요? 누군가 몇 년 전에 다른 사람의 땅을 훔쳤다면, 그 일을 지금 중요하게 다루어야 할까요? 왜 그런가요? 혹은 왜 그렇지 않은가요?

무엇이 좋은 **리더**를 만들까?

거의 모든 종류의 정부에는 대다수 구성원의 삶에 큰 영향을 끼치는 책임을 맡은 몇몇 사람들이 있어요. 이에 철학자들은 좋은 리더가 갖추어야 하는 자질에 관해 많이 생각해 왔지요. 이 문제는 덕 윤리, 즉 '어떻게 좋은 사람이 될 수 있을까?'와 관련있는 한편 관리 능력의 요소들을 보여 주지요. 좋은 리더가 되기 위한 교훈들을 황제든 학교의 조별 과제 조장이든 모두에게 적용할 수 있을까요? 훌륭한 리더십에 관해 곰곰이 생각해 본다면 사회를 구성하고 세상에 긍정적인 변화를 만드는 일의 어려움을 이해하는 데 도움이 될 거예요.

누가 질문했을까?

공자의 철학은 국가가 우주와 조화를 이루는 것을 도울 만한 지혜로운 리더들의 양성을 추구했어요. 리더들은 도덕적이고 언제나 주어진 의무를 다함으로써 사람들에게 모범을 보이지요. 공자는 리더들이 배움에 대한 애정을 키워 나가고, 모범을 보이기 위해 온 힘을 다하며, 자신과 다른 사람의 입장을 바꾸어 생각하고, 절대로 부당한 일에 권력을 사용하지 말아야 한다고 충고했어요.

기원전 6세기, 《손자병법》의 주인공인 **손자**는 유능한 지도자라면 사람들을 승리라는 목적을 달성하기 위한 도구로 취급할 때조차 인간적일 거라고 강조했지요.

누가 대답했을까?

플라톤은 《국가론》에서 권력이 아니라 오직 덕에만 신경 쓰는 철학자 왕을 이상적인 리더로 묘사했어요. 플라톤은 폭군이란 사실상 욕망의 노예가 된 사람이라고 생각했지요.

2세기 스토아학파의 철학자이기도 했던 로마 황제 **마르쿠스 아우렐리우스**는 지도자라면 언제나 심사숙고하며 정의롭게 나라를 이끌어야 한다고 충고했어요. 지도자는 감정에 휩쓸려서는 안 되고, 언제나 진실해야 하며, 단순하고 건강한 방식으로 자연의 섭리를 따라야 하지요.

16세기 이탈리아 철학자 **니콜로 마키아벨리**는 《군주론》에서 지도자라면 권력을 차지하고 유지하기 위해 무자비해야 한다고 충고했어요. 도덕성 따위에 제약을 받아서는 안 되며, 사랑받는 존재보다는 두려움의 대상이 되는 편이 더 낫다고 여겼지요. 마키아벨리는 사회를 오랫동안 유지하려면 왕을 법과 질서와 전통의 수호자로 만드는 제도를 세우고 관련 법을 통과시켜야 한다고 했어요.

네덜란드의 천주교 인문학자인 **에라스무스**는 《기독교 군주의 교육》이라는 책으로 마키아벨리의 책에 대응했어요. 그는 이 책에서 리더란 존경심을 가지고 사람들을 섬기는 사람이어야 한다고 주장했지요.

몽테스키외는 정부의 종류에 따라 효과적인 지도자의 유형이 달라진다고 주장했어요. 왕은 백성이 충성심과 존경심을 가지고 섬길 수 있도록 가능한 자유롭고 인간적인 국가를 만들어야 해요. 반면 민주주의 하에서는 안정을 위해 미덕이 중요해져요. 즉 좋은 리더라면 사람들의 믿음을 진지하게 받아들이고 모든 사람들도 똑같이 행동하도록 영향을 끼쳐야 하지요.

현실 세계

미국 대통령이 어떻게 평가받는지를 생각해 보세요. 대부분의 미국인들은 대통령이 단순히 좋은 사람일 뿐만 아니라 좋은 사람처럼 보이기를 바라요. 미국 민주주의에서 사람들이 지지하는 정치가가 다른 수많은 사람들에게 매력적이지 않다면, 그 정치가는 승리하지 못할 거예요.

그러므로 우리는 잠재력 있는 정치가를 이상한 방식으로 평가해요. 예를 들어 '이 정치가가 믿는 것을 지지하는가?'라고 자문하는 대신 '이 정치가가 선거에서 승리할 만큼 충분히 매력적인가?'라고 묻지요.

여러분은 공자 혹은 에라스무스가 잠재력 있는 정치가를 이런 식으로 평가하는 것에 대해 뭐라고 말할 것 같나요?

선택 하기

덕망 높은 지도자는 오랫동안 다스릴 수 있을까요? 이는 권모술수에 능한 마키아벨리주의자들이 흔히 묻는 질문이에요. 플라톤은 좋은 리더는 옳은 일이 아니라면 인기 많은 의견이라도 무시할 수 있어야 한다고 주장했어요. 마키아벨리는 지도자가 인기보다 원칙을 중요시하면 오래 갈 수 없다고 생각했지요. 그는 가능한 이전 지도자의 정책들을 정확히 이어가라고 말했어요. 그렇게 하면 반발심을 갖는 사람들이 최소가 되어 오랫동안 다스릴 수 있기 때문이지요.

정부를 어떻게 만들어야 하는가에 대해 《국가론》에 나오는 플라톤의 급진적인 제안들(남녀평등, 모든 시인의 추방 등)을 보면 그가 생각한 철학자 왕은 보수적이지 않을 거예요. 철학자 왕은 자신이 생각하기에 나라를 위해 가장 옳은 일이라면 현재 상태에 만족하고 있는 많은 사람들을 화나게 하더라도 꼭 할 거예요.

생각하기

- 여러분은 최고의 리더들이 사람들이 원하는 것에 귀를 기울이리라고 생각하나요? 단순히 자신이 옳다고 생각하는 일만 하리라고 생각하나요?
- 공자와 아우렐리우스는 자연에 따라 다스릴 것을 권했어요. 이것이 무슨 뜻일까요?
- 민주주의에 따라야 한다는 것은 우리 지도자들 가운데 어느 누구도 도덕적일 수 없다는 뜻인가요? 왜 그런가요? 혹은 왜 그렇지 않은가요?

인권이란 무엇일까?

권리에 대한 생각은 '무엇이 옳은 일일까?'라는 도덕적 질문에서 비롯돼요. 이런 의미에서 인권에 관한 질문은 정치 철학에서 가장 오래된 질문 가운데 하나예요. 전 세계 모든 윤리적 전통이 사람들을 대하거나 통치하는 올바른 방법에 대한 규칙이나 덕목을 제공하기 때문이지요. 그러나 권리를 개인이 소유할 수 있는 것으로 보는 개념은 비교적 새로운 것이며, 처음에는 권력자들에게만 적용되었어요. 인권이 모든 사람에게 적용된다면, 인권에는 무엇이 포함될까요?

누가 질문했을까?

대헌장은 1215년 영국 귀족에 대한 왕의 권한에 제약을 두기 위해 만들어졌어요. 훗날 미국을 세우는 데 기여한 사상가들은 정부의 권한이 특정한 행위들로만 한정돼야 한다고 주장하기 위해 자연권이라는 개념에서 영감을 얻었지요. 사람들은 정부의 결정에 자신의 의견을 말할 수 있는 권리를 갖고 있어요. 또한 사람들이 범죄를 저지르지 않는 한 정부가 사람들을 통제하는 데는 한계가 있지요. 사실 고소된 사람도 법에 의해 공정하게 대우받을 권리를 갖고 있어요.

역사학자들은 이집트, 페르시아, 그리스 및 기타 지역의 고대 문서들을 인권에 관한 초창기 예로 제시하지요. 이 문서들은 대개 대헌장과 비슷하게 특별한 법률적 합의나 제도들만을 다루고 있어요. 예를 들어 '특정 그룹의 사람들은 어떤 그룹의 사람들에게 종교를 바꾸도록 강요할 수 없다' '전쟁 포로를 죽여서는 안 된다' '의회에서 투표하는 것을 허가한다' 등이지요.

종교는 인권 문제의 초기 관심사였어요. 종교 허용에 관한 법률들은 기원전 6세기 **고레스 황제**가 다스렸던 이란, 기원전 3세기 불교 황제 **아소카**가 다스렸던 고대 인도까지 거슬러 올라가지요.

누가 대답했을까?

인권이 자연적이냐 정치적이냐 하는 논쟁은 현재에도 여전히 진행 중이에요. 자연권에 대한 관념은 기원전 6세기 인도 자이나교의 창립자인 **마하비라**까지 거슬러 올라가지요. 근대에 이르러서는 존 로크가 인간은 생명·자유·부에 대해 신이 준 권한을 가지고 있다고 선언했어요.

이와 반대로 제러미 벤담은 자연권이란 한마디로 헛소리라고 말했어요. 그는 공리주의처럼 객관적으로 옳은 도덕적 원칙들이 있기는 하지만, 권리는 정부가 부여한 것이라고 생각했지요. 이는 권리가 진행 중인 협상의 문제이며, 법과 법에 대한 해석이 바뀔 수 있는 만큼 어떤 권리도 절대적이지는 않다는 뜻이에요. 어떤 것이 자연권이라고 주장한다면, 이는 단지 그것이 법적인 권리로서 존중되어야 한다는 주장이지요.

공리주의자인 존 스튜어트 밀은 일반적으로 정부는 인간의 복지를 극대화하기 위해 노력해야 한다고 생각했어요. 그러나 정부가 개별적인 법률 하나하나에 대해 이런 노력을 기울여야 한다고는 생각하지 않았어요. 예를 들어 대부분의 사람들이 정말로 싫어하는 특정한 연설을 금지할지 여부를 고려하고 있다면, 그 연설을 불법화하는 일은 옳은 일처럼 보일 거예요. 그러나 밀은 자유 연설의 권리를 포함해 각종 권리를 보장하는 것이 법에 공리주의 윤리를 적용하는 가장 좋은 방법이라고 생각했어요. 그는 정부가 사람들이 서로에게 해를 끼치는 것을 막기 위해서만 행동해야 한다고 주장했지요. 사람들이 번영하고, 그 사람들로 구성된 사회가 결국 가장 좋은 사회가 되기 위해서는 언론 및 다른 의사 표현 수단들을 반드시 보호해야 해요. 그는 좋은 생각은 언젠가는 나쁜 생각들을 누르고 사람들의 지지를 받게 된다고 믿었지요.

프랑스 혁명에 반대 주장을 폈던 에드먼드 버크는 권한에는 그 권한을 진정한 보호 장치로 만들어 줄 사회가 필요하며, 정부는 연약하지만 반드시 유지되어야 하는 성취물이라고 말했어요. 홉스와 마찬가지로 그는 무정부 상태가 폭정보다 훨씬 나쁘다고 생각했지요. 버크는 과거 사회의 좋은 부분을 유지한다는 의미에서 보수주의에 찬성했어요. 그는 점진적으로 진보해야 한다고 생각했지요. 그러므로 사회가 강제적으로 수행할 절대적인 자연권은 있을 수 없으며, 사회가 무너지지 않는 범위 내에서 정부가 얼마나 많은 자유를 사람들에게 허용할 수 있는지 알아 가는 점진적인 과정만이 있다고 봤어요.

오늘날 미국 철학자 **엘리자베스 앤더슨**은 고용주가 고용인들의 삶을 직접적으로 크게 통제할 수 있는 만큼 인권은 단지 정부만의 관심사가 아닌 고용주의 관심사도 되어야 한다고 주장해요.

현실 세계

미국에서는 최근까지도 정부가 군 복무를 요구할 때 거부할 권리가 없다는 생각이 보편적이었어요. 여러분은 정부가 군대에 입대해서 적을 죽이거나 혹은 정부의 명령에 따라 죽도록 명령할 권한을 가져야 한다고 생각하나요? 왜 그런가요? 혹은 왜 그렇지 않은가요?

사실상 수백만 명의 사람들이 매우 제한적인 삶의 선택지 속에 빈곤으로 감옥에 가요. 앤더슨, 마르크스 등은 자본가 계층이 그들을 위해 일하는 노동자들의 자유를 크게 제약한다고 주장하지요. 우리의 고용 시스템 또한 헌신을 요구하는 사회의 예일까요? 왜 그런가요? 혹은 왜 그렇지 않은가요?

선택하기

미국 정치에서 민주당과 공화당 모두 인권을 보호하기 위해 일한다고 주장해요. 공화당은 보수주의 정당으로 버크의 보수주의와 비슷하게 우리 사회에서 현재 잘 운영되고 있는 것들을 보존하는 데 집중하지요. 여기에는 보수주의 경제학자들의 주장으로 미국의 번영을 책임지고 있는 고용주들에게 최대한의 자유를 허용하는 것도 포함돼요.

민주당은 진보적인 정당으로서 현 사회 시스템에서 그들이 발견한 문제들, 가령 사회 번영 속에 뒤처진 사람들이나 경제 시스템에 기인한 불평등과 같은 문제들을 고치는 데 좀 더 집중하지요.

두 정당은 사람들이 무슨 권리를 갖고 있으며, 그 권리를 보호하기 위해 정부가 무엇을 해야 하는지에 관해 서로 의견이 달라요. 버크가 주장했던 것처럼 어떤 권한도 그 권한을 뒷받침할 수 있는 시스템이 없다면 현실이 될 수 없어요. 예를 들어, 자유 연설도 사람들이 그 연설을 들을 수 있는 공개 토론회가 있어야 하지요.

생각하기

- 어떤 사람들은 무기를 소유할 권한이 없다면 다른 어떤 권한도 안전하지 않다고 주장해요. 여러분은 우리에게 가장 중요한 권리가 무엇이라고 생각하나요?
- 자유 연설은 정부 검열만의 문제일까요? 이 권리가 다른 단체나 개인들에 의해 침해될 수 있다고 생각하나요?

인명 사전

'기원전' 표시가 없는 모든 연도는 기원후예요. '약'은 대략이라는 뜻이지요. 사실 대부분의 고대 인물들은 출생과 사망 시기가 불분명해요.

갈렌(Galen) 약 129~216, 그리스 철학자. 해부학과 다른 의학 분야에서 영향력을 끼친 그리스 물리학자.

고레스 황제(Cyrus the Great) 기원전 약 600~530, 중앙아시아에서 지중해에 이르는 영토를 차지했던 첫 번째 페르시아 왕국을 세웠음.

고타마, 싯다르타(Gautama, Siddhartha) 기원전 5세기 내지 6세기의 고대 인도 종교 지도자.

고타마, 아크샤파다(Gautama, Akshapada) 기원전 6세기~기원후 2세기 사이, 인도 철학자. 인식론과 논리에 관한 니야야 경전을 씀.

공자(孔子) 기원전 약 551~479, 중국의 철학자, 시인이자 정치가. 그의 말을 모아 만든 책이 《논어》임.

괴델, 쿠르트 프리드리히(Gödel, Kurt Friedrich) 1906~1978, 오스트리아 수학자이자 논리학자. 수학의 공리 시스템에 관한 불완전성 정리로 유명.

굿먼, 넬슨(Goodman, Nelson) 1906~1998, 하버드 교수이자 예술품 딜러. 인식론, 형이상학 및 예술에 관한 책을 씀.

나가르주나(Nagarjuna) 약 150~250, 인도 대승불교의 성인. 마드야마카 학파를 만들고 '무'에 대해 설교함.

네이글, 토머스(Nagel, Thomas) 1937~, 미국 철학자. 뉴욕 대학에서 정치 철학과 윤리학을 가르침.

노자(老子) 기원전 약 571년경, 《도덕경》의 저자이자 도가의 창시자.

노직, 로버트(Nozick, Robert) 1938~2002, 미국 철학자. 자유주의 정치 철학에 관한 책을 씀.

뉴턴, 아이작(Newton, Isaac) 1643~1727, 영국 천문학자·물리학자이자 수학자. 미적분 및 뉴턴 물리학의 창시자.

니체, 프레드리히(Nietzsche, Friedrich) 1844~1900, 독일 교수이자 문화 비평가. 윤리학, 예술 및 심리학을 철학적으로 해석함.

단토, 아서(Danto, Arthur) 1924~2013, 미국의 미술 비평가. 컬럼비아 대학에서 철학을 가르쳤으며, 《네이션》 지에서 평론가로 활동.

데모크리토스(Democritus) 기원전 약 460~370, 우주론자로 그의 스승

레우키포스와 함께 우주 원자론을 제시.

데카르트, 르네(Descartes, René) 1596~1650, 프랑스의 철학자, 수학자이자 과학자. 인식론과 철학적 방법에 관한 책을 씀.

도스토옙스키, 표도르(Dostoyevsky, Fyodor) 1821~1881, 러시아 실존주의 소설가.《죄와 벌》《카라마조프 가의 형제들》 등 다수의 소설을 씀.

뒤샹, 마르셀(Duchamp, Marcel) 1887~1968, 프랑스의 화가·조각가이자 개념 예술가. 예술에 대한 전통적인 정의에 도전.

듀이, 존(Dewey, John) 1859~1952, 미국의 실용주의자. 정치와 예술에 관한 책을 썼으며, 특히 교육에 영향을 끼쳤음.

디그나가(Dignaga) 약 480~540, 인도 불교 논리학과 인식론의 창시자 가운데 한 명.

라일, 길버트(Ryle, Gilbert) 1900~1976, 영국 철학자.《정신의 개념》이라는 책에서 데카르트의 심신 이원론에 반대함.

라카토슈, 임레(Lakatos, Imré) 1922~1974, 헝가리 과학·수학 분야의 철학자. 과학 연구 프로그램에 대한 개념으로 알려져 있음.

러셀, 버트런드(Russell, Bertrand) 1872~1970, 영국 철학자. 수학, 논리학, 인식론, 정치학에 대한 책을 씀.

레빈슨, 제럴드(Levinson, Jerrold) 1948~, 미국 철학자. 메릴랜드 칼리지 파크 대학의 교수로 미학에 관한 책을 씀.

레오나르도 다빈치(Leonardo da Vinci) 1452~1519, 르네상스 시대의

이탈리아 화가·조각가·발명가이자 공학자. 〈최후의 만찬〉을 그림.

로크, 존(Locke, John) 1632~1704, 영국 철학자이자 의사. 인식론과 정치학에 관한 책을 씀.

롤스, 존(Rawls, John) 1991~2002, 미국 정치 철학자. 공평함을 중심으로 정의에 대해 책을 씀.

롱기누스(Longinus) 약 1~25, 〈장엄함에 관하여〉라는 글을 씀.

루소, 장 자크(Rousseau, Jean-Jacques) 1712~1778, 프랑스 철학자·소설가이자 작곡가. 정치 철학과 교육에 관해 책을 씀.

루이스, 클래런스(Lewis, Clarence Irving) 1883~1964, 미국 실용주의자. 논리, 윤리 및 인식론에 관한 책을 씀.

루터, 마르틴(Luther, Martin) 1483~1546, 독일 신학자. 가톨릭의 관습에 반대해 종교개혁을 시작함.

마르쿠스 아우렐리우스(Marcus Aurelius Antoninus) 121~180, 로마의 황제. 스토아학파의 철학자이기도 해서 '철학자 황제'로 불림.

마르크스, 카를(Marx, Karl) 1818~1883, 독일 철학자이자 경제학자. 공산주의를 창시하고 전파함.

마이모니데스, 모세스(Maimonides, Moses) 1135~1204, 중세의 유대 율법학자, 천문학자이자 철학자.《방황하는 자들을 위한 안내서》라는 책을 씀.

마키아벨리, 니콜로(Machiavelli, Niccolò) 1469~1527, 이탈리아 외교관이자 역사학자. 왕들을 자문해 주었으며《군주론》을 쓴 것으로 유명.

마하비라(Mahavira) 기원전 약 540~468, 인도 자이나교의 창립자. 그의 가르침을 모은 책이 《자이나교 가르침》임.

말브랑슈, 니콜라(Malebranche, Nicolas) 1638~1715, 프랑스 가톨릭 신부. 이성주의자 인식론과 형이상학에 관한 책을 씀.

매클루언, 마셜(McLuhan, Marshall) 1911~1980, 캐나다 철학자. 미디어 이론을 만들고 '매체가 곧 메시지다'라는 슬로건을 만들었음.

매킨타이어, 알래스데어(Macintyre, Alasdair) 1929~, 스코틀랜드계 미국 철학자. 《덕의 상실》을 포함해 도덕 철학과 정치 철학에 관한 책을 씀.

머독, 아이리스(Murdoch, Iris) 1919~1999, 아일랜드 소설가이자 철학자. 《그물 속에서》라는 책을 씀.

메디슨, 제임스(Madison, James) 1751~1836, 제4대 미국 대통령. 미 헌법을 만드는 데 참여했으며, 《연방주의자 논고》의 공동 저자임.

몽테스키외(Montesquieu) 1689~1755, 프랑스 정치 철학자이자 역사가. 삼권 분립을 제안하고 보급함.

무어, 조지 에드워드(Moore, George Edward) 1873~1958, 영국 철학자. 분석 철학의 창시를 도왔으며, 윤리학과 인식론에 관한 책을 씀.

밀, 존 스튜어트(Mill, John Stuart) 1806~1873, 영국 정치가·경제학자이자 철학자. 윤리학, 논리학 및 정치개혁에 관한 책을 씀.

밀스, 찰스(Mills, Charles) 1951~2021, 자메이카 출신의 미국 철학자. 《인종 계약》이라는 책에서 정치 철학과 인종에 대해 씀.

바라타 무니(Bharata Muni) 기원전 약 200~기원후 약 200, 인도의 현자로 《나티야샤스트라》라는 제목의 연극 및 노래 백과사전을 만들었음.

바움가르텐, 알렉산더 고틀리프(Baumgarten, Alexander Gottlieb) 1714~1762, 근대 미학을 만들고 미학이라는 용어를 처음 사용한 독일 철학자.

밧야야나(Vatsyayana) 약 2~3세기, 인도 철학자. 니야야 경전에 주석을 씀.

버크, 에드먼드(Burke, Edmund) 1729~1797, 보수적인 영국 정치가·경제학자이자 철학자로 정치와 미학에 관한 책을 씀.

버클리, 조지(Berkeley, George) 1685~1753, 아일랜드계 영국인 주교로 인식론과 형이상학에 관한 책을 씀. 이상주의자로 알려져 있음.

베네딕트, 루스(Benedict, Ruth) 1887~1948, 미국의 인류학자. 1934년에 쓴 《문화의 패턴》으로 잘 알려져 있음.

베이컨, 프랜시스(Bacon, Francis) 1561~1626, 과학적인 방법을 개발하고 법과 신학에 대한 책을 쓴 영국의 정치가이자 철학자.

벤담, 제러미(Bentham, Jeremy) 1748~1832, 영국의 철학자이자 법학자로 윤리에 있어 가장 큰 행복 원칙인 공리주의를 제시함.

보에티우스(Boethius) 477~524, 로마 원로원 의원. 사형을 기다리는 동안《철학적 위안》이라는 책을 썼으며, 플라톤과 아리스토텔레스를 라틴어로 번역함.

볼프, 크리스티안 프라이헤르 폰(Wolff, Christian Freiherr von) 1679~1754, 독일 철학자. 수학, 미학 및 다양한 주제로 책을 씀.

브리크트, 게오르크 헨리크 폰(Wright, Georg Henrik von) 1916~2003, 핀란드 철학자. 양상 논리, 언어 및 정신에 관한 책을 씀.

브야사(Vyasa) 미상, 크리슈나 드바이파야나라고도 불리는 전설적인 성인. 《바가바드 기타》를 포함해 힌두 서사시 《마하바라다》의 저자로 인용됨.

비어즐리, 먼로(Beardsley, Monroe) 1915~1985, 펜실베이니아 템플 대학교 등에서 학생들을 가르쳤으며, 주로 미학에 관해 책을 씀.

비트겐슈타인, 루트비히(Wittgenstein, Ludwig) 1889~1951, 오스트리아에서 태어난 영국 철학자. 논리학, 수학, 심리 철학 및 언어에 대한 책을 씀.

사르트르, 장 폴(Sartre, Jean-Paul) 1905~1980, 프랑스 실존주의 철학자이자 정치 이론가. 소설과 희곡을 씀.

산타야나, 조지(Santayana, George) 1862~1952, 스페인계 미국 철학자이자 문화 비평가. 주로 미학과 종교에 관해 책을 씀.

샹카라(Shankara) 약 700~750, 아드바이타 베단타 학파의 인도 철학자.

소크라테스(Socrates) 기원전 약 470~339. 서구 철학을 창시한 인물.

소포클레스(Sophocles) 기원전 497~406, 그리스 극작가. 《오이디푸스》 《안티고네》 및 여러 다른 비극을 씀.

손자(孫武) 기원전 약 544~496, 중국 장군. 《손자병법》을 쓴 것으로 추정.

쇼펜하우어, 아르투어(Schopenhauer, Arthur) 1778~1860, 독일 철학자이자 평론가. 임마누엘 칸트의 사상을 인도 철학과 결합함.

슐레겔, 프리드리히 폰(Schlegel, Friedrich von) 1772~1829, 시인·고전 학자이자 철학자. 독일에서 낭만주의 운동을 시작함.

스미스, 애덤(Smith, Adam) 1723~1790, 스코틀랜드 출신의 경제학자. 《국부론》과《도덕 감정론》이라는 책을 씀.

스트로슨, 갤런(Strawson, Galen) 1952~, 영국 철학자이자 문학 비평가. 심리철학, 형이상학 및 인식론에 전념.

스트로슨, 피터 프레더릭(Strawson, Peter Frederick) 1919~2006, 영국 철학자. 언어, 자유 의지 및 형이상학에 관한 책을 씀.

스피노자, 바뤼흐(Spinoza, Baruch) 1632~1677, 네덜란드 철학자. 윤리학, 형이상학 및 성서 비판학에 관한 책을 씀.

아낙사고라스(Anaxagoras) 기원전 약 500~428, 소크라테스 이전의 형이상학 철학자이자 천문학자. 현재 튀르키예에 속한 지역에서 태어났음.

아낙시메네스(Anaximenes) 기원전 약 586~526, 튀르키예의 소크라테스 이전 형이상학 철학자. 모든 것이 공기로 이루어졌다고 주장했음.

아도르노, 테오도어(Adorno, Theodor) 1903~1969, 독일에서 태어났으며 미국에서 공부하였음. 사회 평론 및 음악을 집중 연구.

아리스토텔레스(Aristotle) 기원전 384~322, 그리스 사람으로 플라톤의 제자. 철학과 과학 분야의 수많은 일들에 대해 책을 씀.

아소카(Ashoka) 기원전 약 304~232, 마우리아 왕조의 인도 황제. 수많은 전쟁 사망자를 목격하고 불교로 개종.

아우구스티누스(Augustine of Hippo) 354~430, 원죄에 대한 생각을 처음으로 제시한 북 아프리카의 신학자.

아인슈타인, 앨버트(Einstein, Albert) 1879~1955, 물리학의 혁명적 발전을 가져온 독일 출생의 이론 물리학자.

아퀴나스, 토마스(Aquinas, Thomas) 1225~1274, 이탈리아 가톨릭 신학자. 아리스토텔레스의 사상을 기독교 신앙과 결합해 신학과 형이상학에 관한 책을 씀.

안셀무스(Anselm of Canterbury) 1033~1109, 이탈리아 가톨릭 수도사로 계몽운동 이전의 교회 관련 철학인 스콜라철학의 창시자.

알 가잘리, 아부 하미드(Al-Ghazali, Abu Hamid) 1058~1111, 이란의 이슬람 신학자. 이슬람 철학을 다시 부흥시키고 인식론, 법학 및 신비주의에 집중.

앤더슨, 엘리자베스(Anderson, Elizabeth) 1959~, 미시간 대학 교수로 주로 정치 철학, 윤리학 및 여성주의 철학을 연구.

앤스콤, 엘리자베스(Anscombe, Elizabeth) 1919~2001, 정신·윤리·논리·언어·행동에 주안점을 둔 영국 분석 철학자.

에라스무스, 데시데리우스(Erasmus, Desiderius) 약 1466~1536, 《우신예찬》의 작가로 널리 알려진 네덜란드 천주교 신학자.

에피쿠로스(Epicurus) 기원전 341~270, 물질세계에서의 단순한 삶을 전파했던 그리스의 에피쿠로스주의 창시자.

에픽테토스(Epictetus) 약 50~135, 튀르키예 출생의 로마 스토아학파 철학자. 우리가 통제할 수 없는 외부 사건들을 받아들여야 한다고 가르침.

오리겐(Origen of Alexandria) 약 184~253, 초기 기독교 신학자. 2000개 이상의 글을 분석해 해석학을 발명함.

오백리(吳伯理) 약 1400, 중국 용호산 상청 사원의 도교 승려이자 예술가.

워홀, 앤디(Warhol, Andy) 1928~1987, 미국 예술가이자 영화감독. "누구나 15분간은 명성을 누릴 수 있다"라고 말함.

윌리엄 오컴(William of Occam) 1285~1347, 영국 성직자. 오컴의 면도날 이론을 만들었으며, 형이상학·논리학·신학 등에 관한 책을 씀.

윌리엄스, 버나드(Williams, Bernard) 1929~2003, 영국 도덕 철학자. 인간의 복잡한 삶을 철학으로 다루어야 한다고 주장함.

유스티니아누스 1세(Justinian I) 482~565, 비잔틴 제국의 황제. 유스티니아누스 법전에는 정의에 대한 최초의 정의가 담겨 있음.

유클리드(Euclid) 기원전 약 325~270, 기하학의 뼈대를 세운 고대 그리스 수학자.

이븐 시나(Ibn Sina) 980~1037, 현재 우즈베키스탄인 지역에서 태어난 페르시아 철학자. 아리스토텔레스의 사상을 이슬람 사상과 결합.

이슈바라크리슈나(Ishvarakrisna) 약 350년경, 인식론에 관한 상키아 철학의 밑받침이 된《상키아-카리카》의 저자로 추정.

제임스, 윌리엄(James, William) 1842~1910, 미국 심리학자. 실용주의와 실험적 심리학 수립을 도움.

조아킴, 해럴드(Joachim, Harold) 1868~1938, 영국 관념론자. 진리 정합론을 주장.

카르나프, 루돌프(Carnap, Rudolf) 1891~1970, 독일 출신의 미국 철학자. 2차 세계대전 동안 미국으로 옮겨감. 논리 및 인식론에 집중.

카르네아데스(Carneades) 기원전 약 214~129, 여러 철학 학파들에 이의를 제기하기 위해 인식론에 집중했던 그리스 회의론자.

카뮈, 알베르(Camus, Albert) 1913~1960, 프랑스 작가.《이방인》《페스트》를 포함 여러 소설, 희곡 및 수필들을 씀.

칸트, 임마누엘(Kant, Immanuel) 1724~1804, 독일 철학자. 인식론·윤리학·미학에 관한 책을 썼으며, 형이상학은 불가능하다고 생각함.

케이지, 존(Cage, John) 1912~1992, 미국 실험주의 작곡가이자 철학가. 음악의 기존 정의에 반기를 들었음.

콩스탕, 뱅자맹(Constant, Benjamin) 1767~1830, 프랑스 정치 사상가이자 활동가. 정치와 사랑에 관한 책을 씀.

쿤, 토머스(Kuhn, Thomas Samuel) 1922~1966, 하버드 대학과 버클리 대학의 교수.《과학 혁명의 구조》라는 책을 씀.

크리시포스(Chrysippus) 기원전 약 279~206, 시칠리아에서 태어난 그리스 논리학자. 제논을 이은 스토아학파의 2대 설립자로 알려져 있음.

키르케고르, 쇠렌(Kierkegaard, Søren) 1813~1855, 덴마크 신학자, 시인이자 사회 비평가. 첫 번째 실존주의 철학자로 여겨짐.

키츠, 존(Keats, John) 1795~1821, 영국 낭만주의 시인. 〈그리스 항아리에 부치는 송시〉와 〈나이팅게일에 부치는 송시〉 등을 씀.

키케로, 마르쿠스 툴리우스(Cicero, Marcus Tullius) 기원전 약 106~43, 위대한 웅변가로 알려진 로마 정치가이자 철학적 회의론자.

킹, 마틴 루터(King, Martin Luther, Jr.) 1929~1968, 미국 침례교 목사이자 시민 권리를 위한 비폭력 사회 운동가.

탈레스(Thales of Miletus) 기원전 약 626~548, 튀르키예에서 태어난 소크라테스 이전의 그리스 수학자이자 천문학자. 모든 것이 물이라고 주장.

튜링, 앨런(Turing, Alan) 1912~1954, 영국 수학자이자 논리학자. 튜링 머신이라고 부르는 최초의 컴퓨터를 발명.

퍼스, 찰스 샌더스(Peirce, Charles Sanders) 1839~1914, 미국 논리학자·수학자이자 과학자. 실용주의의 아버지로 불림.

페일리, 윌리엄(Paley, William) 1743~1805, 영국 공리주의자·목사이자 철학자. 신에 대해 설계 논증을 함.

포퍼, 칼 라이문트(Popper, Karl Raimund) 1902~1994, 오스트리아 출생의 영국 철학자이자 사회 문제 해설자. 과학과 정치에 관한 책을 씀.

프라이어, 아서(Prior, Arthur) 1914~1969, 뉴질랜드에서 태어난 논리학자이자 철학자. 시간의 논리학을 만들었음.

프레게, 고틀로프(Frege, Gottlob) 1848~1925, 독일 논리학자이자 수학자. 술어 해석을 이용해 근대 논리학을 수립.

프로타고라스(Protagoras) 기원전 약 490~420, "사람이 모든 것의 척도다"라고 말한 그리스 소피스트 철학자.

프톨레마이오스(Ptolemy) 약 100~170, 이집트 수학자이자 천문학자. 지구가 우주의 중심이라고 주장함.

플라톤(Plato) 기원전 약 428~348, 아테네 철학자. 스승인 소크라테스를 등장시켜 갖가지 철학 주제에 대해 대화체의 책을 씀.

피론(Pyrrho) 약 360~270, 그리스 회의론의 창시자. 그의 글은 철학자 섹스투스 엠피리쿠스의 책을 통해서만 볼 수 있음.

피타고라스(Pythagoras) 기원전 약 570~495, 그리스 수학자. 금욕주의적 학파를 세웠으며, 영혼의 불멸을 주장함.

함무라비(Hammurabi) 기원전 약 1810~1750, 함무라비 법전을 만든 것으로 여겨지는 바빌로니아의 왕.

헤라클레이토스(Heraclitus) 기원전 약 535~475, 튀르키예에서 태어난 소크라테스 이전의 우주론자. 만물의 근원이 불이라고 주장.

헤로도토스(Herodotus) 기원전 약 484~425, 그리스 역사학자이자 지리학자. 《역사》라는 책을 씀.

홉스, 토머스(Hobbes, Thomas) 1588~1679, 영국 정치 철학의 창시자. 과학과 법에 관한 책을 씀.

화이트헤드, 앨프리드(Whitehead, Alfred North) 1861~1947, 영국 수학자이자 철학자. 과정 철학을 발전시킴.

흄, 데이비드(Hume, David) 1711~1776, 스코틀랜드 철학자·역사가이자 경제학자. 인간 본성의 여러 면에 관해 책을 씀.

용어 사전

결정론(determinism) 모든 사건들은 앞선 사건들이 원인이 되어 일어난다는 생각. 사람들의 행동이 자유로운 선택의 결과가 아니라는 생각을 담고 있음.

경험주의(empiricism) 모든 지식은 감각을 통해서만 얻을 수 있다는 사상.

공리(axiom) 시스템에서 '참'이라고 인정되는 기본 규칙. 그 시스템에서 참인 것들을 추론하기 위해 사용함.

공리주의(utilitarianism) 가장 많은 사람들에게 이익을 가져오고, 가장 적은 사람들에게 고통을 가져오는 것이 가장 좋다는 사상.

관념론(idealism) 우리가 보는 모든 것은 단순히 표상이라는 형이상학적 견해.

귀납법(induction) 다수의 사례를 모아 보편적인 사실을 주장하는 방법(예: 나는 100마리의 흰색 백조를 보았지만, 다른 색깔의 백조는 본적이 없다. 그러므로 모든 백조는 흰색이다).

귀류법(reductio ad absurdum) 자기 모순적인 논리 결과가 나온다는 것을 보여 주어 전제가 거짓이라는 것을 증명하는 방법.

규범 주장(normative claim) 가치 판단을 포함하며, '~을 해야 한다'고 말하는 주장.

기능주의(functionalism) 믿음이나 바람 같은 정신 상태가 단지 정신의 기능이라는 사상.

낭만주의(Romanticism) 18세기 말, 유럽에서 이성보다 감성을 강조한 지적이고 예술적인 성향의 운동.

논거(argument) 누군가를 설득하기 위해 제시한 이유.

논리학(logic) 논거의 형태에 대한 연구. 즉 일련의 사실들이 논리적으로 어떻게 다른 사실들을 의미하게 되는지 연구하는 학문.

《대화편》 플라톤이 희곡처럼 쓴 철학 저술로, 두 사람 이상의 사람들이 대화를 나누는 형식.

도덕(morality) 무엇이 옳고 그른지를 표현하는 가치 체계(공동의 규칙을 뜻하는 윤리학과는 반대로 개인의 규칙을 뜻함. 그러나 흔히 상호 교환적으로 사용함).

마키아벨리주의자(Machiavellian) 정치 문제에 있어서 무자비한 사람.

미끄러운 경사면 오류(slippery slope) 어떤 행동이 그 자체로는 큰 문제가 아니지만, 미래에 필연적으로 더 나쁜 행동을 야기한다는 주장.

미덕(virtue) 도덕적으로 좋은 성격 특성.

미학(aesthetics) 아름다움을 감상하는 것에 관해 연구하는 학문.

민주주의(democracy) 구성원들의 일반 투표로 법을 정하는 정부 형태.

믿음(faith) 이성의 개입 없이 무언가를 믿는 것.

반증(refute) 상대방의 주장을 성공적으로 반박하는 행위.

본질(essence) 사물의 특성 가운데 하나로 없으면 그 사물이 아니게 만드는 특성.

본질주의(essentialism) 모든 사물은 본질을 갖고 있다는 사상.

부정(negation) 어떤 것의 반대.

부정 신학(negative theology) '신은 어떠한 분이다'라고 말하는 대신 '신은 어떠한 분이 아니다'라고 말함.

비형식적 오류(informal fallacies) 형식 논리 시스템과 반대되는 개념으로 자연어로 기술된 나쁜 논거.

사회 구성물(social construction) 어떤 것이 단순히 사회 구성원 사이의 합의에 의해 만들어진다는 사상.

사회적 계약(social contract) 사회를 이루어 함께 살기 위한 사회 구성원들 사이의 암묵적인 합의.

사회적 정의(social justice) 각자 도덕적으로 받아야 하는 것을 받는 것.

삼단 논법(syllogism) 유효한 추론 결과를 제시하는 구조.

상관관계(correlation) 두 개의 일이 함께 발생하는 경향의 관계.

술어 논리(predicate logic) 술어를 기호화하고 각 사물에 적용할 수 있도록 명제 논리를 확장하는 방법. 예를 들어 '강아지(Dog)가 털북숭이이다(Furry)'는 Fd로, '고양이(Cat)가 털북숭이이다(Furry)'는 Fc로 나타낼 수 있음.

실존주의(existentialism) 인간의 선택은 전적으로 자유이며, 그 선택은 인간의 본성과 특별한 선택을 하도록 만드는 이유들의 결과라는 사상.

언어의 모호함(equivocation) 논거에서 서로 다른 뜻으로 사용되는 하나의 단어를 같은 뜻인 것처럼 사용.

연역적 논거(deductive argument) 전제가 참이면 결론이 논리적으로 참이 되는 논거 형태.

영혼(soul) 사람에 있어 영적이며, 형체가 없는 부분. 많은 철학자들은 이를 정신이라 부름.

완전성(integrity) 윤리학에서는 도덕적 올바름을 뜻함.

유물론자(materialist) 모든 것이 물질로 이루어져 있다는 형이상학적인 사상.

윤리학(ethics) 올바른 행동의 기준이 되는 도덕 원칙들에 대한 연구.

의지(Will) 쇼펜하우어의 경우, 의지란 이 세상의 비이성적인 내적 본질이라고 정의.

이성주의(rationalism) 모든 지식은 궁극적으로 이성을 통해 얻을 수 있다는 사상.

이원론(dualism) 심신이원론. 정신과 육체가 근본적으로 다른 물질이며, 유일하게 존재하는 두 종류의 물질이라는 이론.

인과 관계(causality) 하나의 사건이 다른 사건을 일으키는 관계.

인식론(epistemology) 지식을 어떻게 얻는지에 대한 연구.

인신공격의 오류(ad hominem fallacy) 상대방의 견해가 아닌 상대방을 공격하는 오류.

인지 가능한 세계(phenomenal world) 칸트가 보기에 인간이 인지할 수 있는 세계.

인지 불가능한 세계(noumenal world) 칸트가 보기에 인간이 인지할 수 없는 세계.

자명함(self-evident) 어떤 이유도 제시할 필요 없이 명확한 사실로 여겨짐.

자아(ego) 자기 존재에 대한 의식이나 감각.

자아(self) 개개인으로서 자기 자신의 존재.

장엄함(sublime) 미학적인 효과를 위해 엄청난 규모와 힘을 통해 느끼게 하는 두려움.

전건 긍정식(modus ponens) 다음 예와 같은 논리 규칙. ① P가 참이면 Q도 참이다. ② P는 참이다. ③ 그러므로 Q는 참이다.

전제(premise) 결론을 이끌어 내기 위해 논거에서 사용하는 이유.

정량자(quantifier) 술어가 어느 규모의 대상에 적용되는지 표시하기 위한 개념. 예를 들어 '모든 강아지는 털북숭이이다'에서 '모든'이 정량자임.

정치(politics) 다스리기 위해 하는 행동. 정치 철학에서 연구되는 행동들.

존재 모델(ontology) 형이상학의 일부분으로 존재하는 것들의 기본 종류 목록.

진리 실용론(pragmatic theory of truth) 성공적으로 실행할 수 있는 한 사실이라고 정의한다는 이론.

진리 정합론(coherence theory of truth) 새로운 믿음에 대해 다른 믿음들과 모순 없이 잘 맞을 때 '참'으로 규정한다는 이론.

추론(reason) 추상적인 개념들로부터 지식을 얻는 인간의 능력.

카르마(karma) 내 행동이 내 운명, 특히 다음 생을 결정한다는 힌두교와 불교의 사상.

패러다임(paradigm) 일반적으로 어떤 것에 대한 모델 혹은 표준 사례. 토머스 쿤의 경우, 과학과 과학적 발견으로 여겨지는 것을 수행하기 위한 표준들의 집합으로 봄.

평등주의(egalitarianism) 모든 사람이 평등하다는 사상.

플라톤의 형상(Platonic Forms) 플라톤 철학에 있어서 우리가 세상에서 인지하는 대상들의 완전한 모델.

해석학(Hermeneutics) 글을 어떻게 해석해야 하는지 연구하는 학문.

허수아비(straw man) 상대방이 실제로 주장하고 있지 않은 의견을 공격함.

형이상학(metaphysics) 궁극적으로 실재하는 것이 무엇인지 연구하는 학문.

환원주의(reductionism) 형이상학에서 무언가를 보다 기본적인 용어로 다시 기술할 수 있다는 사상. 예를 들어 환원주의자는 정신을 물질주의적인 용어나 다른 기본적인 용어로 다시 쓸 수 있다고 봄.

회의주의(skepticism) 일부 혹은 모든 지식에 대해 의심함.

후건 부정식(modus tollens) 다음 예와 같은 논리 규칙. ① P가 참이면 Q도 참이다. ② Q는 거짓이다. ③ 그러므로 P는 거짓이다.

Barker, Stephen F., *The Elements of Logic*, McGraw-Hill, 1989.

Bonevac, Daniel & Phillips, Stephen, *Understanding Non-Western Philosophy*, Mayfield, 1993.

Christian, James L., *Philosophy: An Introduction to the Art of Wondering*, Cengage Learning, 2011.

Melchert, Norman, *The Great Conversation: A Historical Introduction to Philosophy*, McGraw-Hill, 2018.

Palmer, Donald, *Does the Center Hold? An Introduction to Western Philosophy*, McGraw-Hill, 2020.

Patton, Michael F., *The Cartoon Introduction to Philosophy*, Hill and Wang, 2015.

The Philosophy Book: Big Ideas Simply Explained, DK, 2017.

Pojman, Louis P., *The Moral Life: An Introductory Reader in Ethics and Literature*, Oxford University Press, 2017.

Van Lente, Fred, *Action Philosophers*, Dark Horse Books, 2014.

찾아
보기

ㄷ

ㄹ

ㅈ

ㅊ

ㅋ

ㅌ